U0073142

臺灣傳說的心靈探索

虎姑婆

與在地故事集

PSYCHOLOGY OF LEGEND

鍾穎

目錄

前言

這本《臺灣傳說的心靈探索》收錄了這幾年我在不同時期的講座內容。原因無他，想要喚醒國人對在地傳說的重視而已。

我用深度心理學的視角分析過世界各地的神話與童話，但臺灣本土的故事也同樣精采。如今集結出版，心中非常欣慰。

榮格心理學深信，故事的原型一直潛藏在我們心中，等待著適當的時機就會自行表現出來。換句話說，它們有自己的生命，這是為何我們在世界各地都可以看見類似母題故事的原因。

我們的內心已經準備好去說故事，只需要一點材料，和組織材料的能力。換言之，我們是故事本身的渠道，創作本身是無意識的，作者只是這股創作欲或故事本身的僕人而已。

因此當我們被受害者類型的故事綁架，我們就會將自己的生命編造成符合受害者形象的故事，並把他人視為加害者。當我們被刻薄的故事所綁架，我們就會認為世界對我們不公，並且總是在找自己麻煩。

因此故事常常就是神靈，是它們控制我們的生命，而不是我們主宰故事。許多老師在演講或上課時都有過類似的經驗，例如我在重聽課程回放時，常會驚訝於自己當時的表現，彷彿說話的人不是我，而是心中另一個人格，或另一股力量。

這麼說吧！我相信世上確實有高於我們的事物，而它就位於我們的潛意識內，無論那是情結還是原型，都是如此。

正因如此，我們最好對每件事謙虛以待，因為我們並不如自己以為的那樣「理智」。我們內在永遠有想要取而代之的力量在蠢動，它讓我們犯傻，讓我們盲動，讓我們嫉妒，讓我們愛與恨。

這是一本跟榮格心理學有關的半專業書籍，我試著讓它有趣與深刻，也試著讓它跟我們的日常生活產生聯繫。

但裡頭畢竟提到了許多專有名詞，我會用簡單的語彙進行介紹，儘量不影響讀者的閱讀，謝謝你們一直以來的支持，謝謝你們願意翻開這本書，願意成為我的朋友。

到這裡來吧！疲憊而憂傷的你。這裡沒有非去不可的地方，因為風景就在路上，不在遠方。到這裡來吧！迷途而孤單的你。願星辰為你指路，陽光與你同行。

吞噬與成長：虎姑婆

臺灣：《民俗臺灣》，取自《妖怪臺灣》

故事大綱

從前，在某一深山裡住著母女三人，住屋雖然簡陋，但她們過著平靜的日子。

有一天，母親為了處理事情而單獨下山。兩個女兒就在家裡等著母親回來，因為害怕，所以她們相互貼緊身體坐著。

黃昏時，她們隱約地聽見了敲門聲，打開門一看，門口站著一位白髮老嫗。兩人因見到陌生人而感到害怕，但老婦人笑容可掬地說：「我是妳們的伯母。」這時兩人才放下心來。

因為母親不在而寂寞的妹妹很高興，但姐姐卻感到有些可疑。因為母親從來沒提過伯母的存在啊！

當晚，伯母邀請姐姐一起洗澡，但被姐姐拒絕了。妹妹年紀小，很快就答應了伯母的要求。洗完澡後，妹妹無論如何都要和伯母一起睡，不論姐姐怎麼勸阻她都不聽。

就寢後，姐姐突然被一個奇怪的聲音吵醒，於是她往妹妹那裡一看，妹妹棉被蓋著頭所以看不見，但伯母正在她旁邊，似乎正吃著東西。伯母不客氣地瞪著姐姐說：「我在吃生薑，小孩子不能吃！」

姐姐討好地說道：「拜託，也給我一支嘛！」於是伯母就遞了一支給她。姐姐一看，這是妹妹的手指頭啊！但聰明的她很快就裝作若無其事，強忍住了驚愕之情。然後便藉口要上茅房而離開了。

她走進茅廁後，偷偷地將瓶子裝滿水，用繩子吊在尿桶上，讓水慢慢低落，製造正在小便的假象，然後一個人溜了出去，爬上屋前井旁的大茄苳樹上。

虎姑婆雖然覺得姐姐在廁所裡太久，但一直聽到廁所內有水聲所以沒放在心上，直到最後才忍不住去廁所探個究竟。沒想到裡面竟然沒有人，只有一個空瓶子！

虎姑婆慌忙地搜尋屋內，可是怎麼也找不到人。她認為姐姐一定藏在了外頭，但同樣看不到人影。口渴的她於是望了望井底，看見了藏在茄苳樹上的人影。

她仰頭一看，看到一動也不動的姐姐躲在了樹上，這下虎姑婆樂極了。但她不會爬樹，連跳帶撲還是沒辦法，只得用牙齒在樹下啃著樹皮。

樹上的姐姐深感危險，便向虎姑婆喊道：「老婆婆，老婆婆，請不要那樣啃樹皮，我馬上就讓妳吃，無論如何請答應我最後一個請求，請替我煮一鍋熱油吧！等熱油煮完，我會把自己燙熟給妳吃。」

虎姑婆聽到後喜出望外，趕緊跑進廚房將油煮開。不一會兒，她就把煮沸的油給提到樹下，用竹竿吊掛著遞給樹上的姐姐，然後張著大口，等著姐姐把自己煮熟。

樹上的姐姐假裝要取沸油，實則緊盯著虎姑婆的一舉一動，見時機來臨時，便把沸油往她張開的大嘴裡倒去。虎姑婆被滾燙的熱油這麼一淋，發出了如山崩那樣的吼叫聲倒在地上。

姐姐感到很害怕，湊巧來了一位搖著鈴鐺挑著各項雜細的雜貨郎路過了，她趕緊請他幫忙，請他用扁擔打虎姑婆，而此時的虎姑婆已經斷氣了。

姐姐雖然逃過了虎口，但妹妹卻死去了。母親回來後雖然悲痛欲絕，但認為姐姐能夠活著已是不幸中的大幸，因此也就漸漸釋懷。據說姐姐長大後，嫁給了那位雜貨郎。

臺灣沒有老虎，但虎姑婆的傳說卻人人熟悉。作為森林之王的老虎，牠壓倒性的力量、權威感、貓科動物本有的狡詐、捕獵與偽裝能力，乃至暴戾之氣，透過一則又一則的民間故事滲透進我們的心靈。而「虎姑婆」一詞則結合了老虎與年長女性（意指「姑婆」）兩個特徵，成為了母親原型黑暗面的投影。

嫦娥古稱「姮娥」，《淮南子》（西元 139 年成書）記載：「羿請不死藥於西王母，姮娥竊以奔月，悵然有喪，無以續之。」從該敘述中即可推知，西王母的職掌在 2 世紀時就已完成轉變。

西王母：虎姑婆傳說的原型

在中國第一奇書《山海經》中就記錄著虎姑婆的最早原型：西王母。經裡頭記載：「西王母其狀如人，豹尾虎齒而善嘯，蓬髮戴勝，是司天之厲及五殘。」並在他處形容西王母「人面虎身」。易言之，這位崑崙山之神半人半獸，掌管瘟疫，致人死亡。五殘是星星的名字，象徵秩序的崩壞。

到了漢代時，西王母的形象逐漸改變，她脫去了原始的虎豹外表，成為了一位風華絕代的女神，同時掌管不老藥，在蟠桃園內廣植能使人延年益壽的仙桃。也就是說，她從一位死亡女神成為了長生女神，並在道教的神話系統內逐漸成為各路女神的管理者，地位如同天后。這個從黑暗化為神聖的轉變我們已經在厲鬼傳說裡談過許多，西王母也是其中一例。

母親是給予我們生命的人，但她們對子女的愛若是夾雜著自己未處理好的各種議題，很快就會質變成令人窒息的壓迫。而這樣的壓迫及其衍伸的所有控制行為，或者用「教養」的名義行之，或者用「關心」的名義行之，都會侵蝕子女的自主性。當孩子的人生變成母親意志的實驗室時，那些消極性的抵抗行為也就跟著出現。孩子刻意不上學，不將學校發的各式通知單帶回家中，對父母的問題愛理不理，其背後都可以看到孩子對母愛黑暗面的反擊。

老虎與我們內心的情結

中國關於老虎的傳說多數都是負面的（聊齋故事〈二班〉是少見的例外），但不論老虎的角色是正面還是負面，老虎善於匿蹤的描述都非常一致。《搜神記》的〈蔣侯助殺虎〉、《聊齋誌異》的〈向杲〉都強調了此點。這種藏於路邊草堆，隨時襲擊殺人的特質，也象徵著潛意識中隨時可能爆發，席捲我們全部人格的「情結」。因此多數的殺虎傳說，往往具有整合情結的象徵。

情結吸納了許多心理能量。而我們知道，人內在的心理能量往往是等量的，情結吸納得越多，留給自我的就越少。殺虎的困難與必要性就在此處彰顯。不殺虎，自我就無法茁壯，但想殺虎，自我又不見得做得來。

下面就先以〈蔣侯助殺虎〉為例，說明殺虎傳說中所暗喻的整合歷程，然後我們再回頭談談寓意更深刻的虎姑婆。此文雖曾在《傳說裡的心理學：厲鬼與妖怪》中介紹過，但該處是以厲鬼成神的脈絡去分析的，此處則以故事內部的小脈絡來進行理解。有興趣的讀者可以加以對照，感受一下象徵被多層次分析的魅力。

陳郡人謝玉擔任內史，在京城居留。那一年猛虎為患，許多人都被咬死。有一個人載著年輕妻子，船上插著大刀，黃昏時來到哨所，巡邏的將官告訴他：「這裡最近野草很多，恐有猛獸藏匿其中，你帶著家眷實在不安全，還是在哨所住一晚吧！」後來將官就回去了。妻子才剛上岸，就被老虎咬走。丈夫拔刀大喊，想追上去。由於他過去曾祭拜蔣侯，因此大喊著蔣侯的名字請求協助。就這樣追趕了十里地，突然出現了一個黑衣人替他領路，他跟在後面走了二十里，抵達一個洞穴，裡頭的小老虎以為是母虎回來了，一個個都跑了出來。那人就在洞口把牠們殺掉，等了好久，母老虎才回來。母老虎回來後，把女人放了下來，拖著女人進洞。那人就趁機把老虎砍成兩半，老虎死後，妻子才醒過來。她身體沒有大礙，那人就扶著妻子回到船上。第二天晚上，他夢見一個人告訴他：「蔣侯派我來幫你，你知道嗎？」他回到家裡，就殺了豬酬謝蔣子文。

（〈搜神記．蔣侯助殺虎〉）

從本文的敘述來看，這裡顯然講的是一個中年人的故事。中年人的首要任務也在此被指出，那就是面對躲藏在陰影中的情結。隨著社會化歷程的逐漸加深，未解的各種議題已經轉成情結的形式逐漸干擾了成年人的生活。怕談到政治、怕談到房價、孩子的在校成績、自己失控的體重，或眼尾的皺紋等等，這些對不悅議題的反應，往往暗示著這些議題的背後藏匿了某種情結，也就是這則傳說裡「那一年猛虎為患」的心理學隱喻。

而一個遲遲未能意識個人情結的人會遭遇什麼事呢？首先，就是對立極的消亡。就一般人來說，指得就是內在的異性別面向，在榮格心理學的話裡，稱為阿尼瑪（anima）與阿尼姆斯（animus）。而這在故事中，是以男主角的妻子為象徵的。

情結對感受的阻絕

男主角在老虎（亦即情結）叼走了象徵著阿尼瑪的妻子後，說什麼也要將妻子給尋回來。這描述的是情結淹沒與阻絕了和阿尼瑪的聯繫，一旦我們與內在異性極的溝通遭到情結的阻絕，人格很快就會變得閉鎖，失去感受的能力（此處猶指阿尼瑪）。

這裡所稱的感受不僅是對情緒的感受，常常也包含了對身體的感受。人變得分不清憤怒與哀傷，甚至分不清疲憊與飢餓（工作狂與暴食症狀都有這樣的意涵存在）。連帶地，使我們真實的親密關係產生了變化，這點端看我們是從個人內（intrapersonal）還是個人間（interpersonal）的角度來分析這則故事，但事實上這兩者是連動的。

妻子的不知所蹤，意味著我們的心中不再有她的存在（可想而知，人若做如是想，婚姻將受到多大的危害）。情結氾濫（也就是老虎四處襲擊人類）因此戕害的不僅是個人的完整性，也危及了個人現實生活的幸福感。

男子在這一刻終於決定採取行動，和情結正面對決。這是覺察產生力量的一刻。有趣的是，精神分析看重覺察產生的瞬間，但後繼的心理治療研究卻發現，覺察不足以帶來改變。究竟誰說得對呢？而傳說顯然同時支持兩邊的說法。

覺察與改變

男子的覺察可由身上的大刀來表徵，刀或者其他武器總是意味著意識，我們的意識想要去分析，想要去攻擊，所以佛洛伊德總是把夢中的武器視為陽具的符號。

男主角帶著刀沿路追趕，跨入荒野的救妻之舉，就是《魔戒前傳：哈比人歷險記》（請參看《故事裡的心理學（下）：陰影與個體化》）中陽光照射到食人妖的瞬間。在城鎮邊緣遊走的食人妖只在黑夜移動，因為陽光會將他們化成石頭。但覺察可能帶來認知的行動，認知的行動卻不見得這麼快就會帶來改變。〈蔣侯助殺虎〉就強調了這一點。

男子焦急地跑了十里，想起過去曾經祭拜蔣侯，所以沿路喊著蔣侯的名字。我曾在厲鬼的故事中分析過蔣侯，他是化成神靈的厲鬼，易言之，他是包含了神聖與邪惡兩種面向的自性（Self），也就是我們內在的大我與完整性。

當自我（男子）呼喊著自性（蔣侯）時，就意味著自我對自性的臣服。黑衣人因此現身了。此處的黑衣人顯然指的不是陰影，而是引路神（psychopomp），或無法辨認出身分的聲音。

在童話裡，他是引路的金球或青蛙，在這裡，他同樣不發一語，帶著當事人再走十里地，來到情結的躲藏所。男子這才發現，裡頭是等著母老虎（此處的母虎象徵著男子的母親情結）回家的小老虎們。於是他用計，一刀一個，殺死了小虎，躲在洞穴中等母老虎回家。母老虎同樣中計了，被他砍成兩段。

這邊的橋段我們在〈虎姑婆〉中還會見到，但後者表達得更細膩。用計同樣是意識化的證明，表示覺察已經觸及了情結的核心（也就是虎穴）；同時謀略也象徵著搗蛋鬼（trickster）原型（關於搗蛋鬼的解釋，我們後面會加以說明）的運作，這一點至關重要。人格中每一次的重大改變，我們都會看見搗蛋鬼的影子。大小情結們被消滅，搗蛋鬼再次取得了勝利。

易言之，覺察若未能觸及自性的層次，也就是宗教的、靈性的層次，人格就很難獲得有意義的轉變。

黑暗的母親：虎姑婆

回頭繼續談談虎姑婆傳說。前面提到，虎姑婆的意象可以上推至瘟神西王母，但西王母最終成為了美麗的長生女神。她神格中的黑暗面被虎姑婆這個妖怪給繼承了下來，象徵的都是令人窒息的母愛。

這裡雖然用母愛稱之，但它所指的不單只有女性，同時也包括了男性內心的女性面，是所有性別的家長都應該保持警惕的事情。事實上，望子成龍，望女成鳳的心情不分男女。表現出大母神黑暗面的父親也在所多有，有時這樣的心情甚至是跨世代的，從祖父母到父母，都可能共同預先享用著孩子與孫子的人生。

當生命被長輩先行決定，人生的可能性被提前刪節時，沒有足夠「惡」的能力來對抗的孩子，他的人格很容易扭曲或被擰乾。這樣的孩子雖可能有高智商與高成就，但如果沒有環境或貴人的幫助，他們將在親密關係的能力表現出重大缺損。換句話說，母愛也有黑暗面，其代價是子代象徵性地死亡，而虎姑婆這個妖怪就傳神地表達出了人類一直存在的共同擔憂。

傳說告訴我們，深山裡住著母女三人，易言之，兩個女兒與母親一起受困在深深的潛意識裡。我們在此處彷彿又看到了浦島太郎與他一起住在海濱的母親。在傳說的某個版本裡，他們一起住了四十年。用我們的話來說，這同樣是深陷於母親情結之中難以逃離的孩子。關於這個故事，我已在《故事裡的心理學（上）：潛意識與永恆少年》中有過分析，此處就暫且不談。而此處的虎姑婆傳說則是浦島太郎故事的母女版本。

相較於浦島太郎未能成功地遵守承諾，最後只能任憑自己老去。虎姑婆中的女主角則有著截然不同的表現與結局。故事中的這對姐妹因此可以被我們視為是自我之中相對成熟與落後面向的組合，也可以被我們視作在面對母親原型黑暗面時，不同的兩種應對模式。

傳說的開頭明顯地暗示讀者，這是一個缺乏父性原則的故事。

因為故事裡沒有提到父親，或其他童話中可用來支持女主角的男性人物（例如〈小紅帽〉中的獵人）。只有結尾出現的雜貨郎可被我們視為例外。

同住深山的母女

母女三人原本平靜地在深山中過日子，但有一天，母親有事下山，導致兩個女兒必須留在家裡等待母親回家。這是母愛撤回的時刻，也是孤獨經驗被喚起的時刻，和主角接受考驗的時刻。

我們常常是有意讓孩子保持在無知狀態的。怕孩子太早使用手機，怕孩子太早瞭解性知識，只安排那些具有「教育性質」的遊戲或娛樂，對女兒的教育態度尤其如此。

臺灣社會相信女孩要富養，男孩要窮養，此觀念中就有這樣的意味。越這樣做，越證明作為父母的我們恐懼著內在的黑暗，因此刻意使孩子對真實的人生保持一定的距離。這就是母女三人同住深山的心理學隱喻。

不論作為大人的我們再怎麼樣想將子女留在身旁或深山內，「保護」他們不受外在現實的侵襲，我們都會迎來這樣的時刻。當大人因為某種原因必須離開深山時（例如覺得自己太過疲憊的父母，突然撒手不管，丟棄了照料子女的責任），那麼一直以來仰賴母親生存的姐妹就迎來了可怕的命運。強大的孤兒經驗可能讓孩子遭遇創傷，但也可能迎來成長，這便是兩位姐妹不同命運的啟示。當中的差別我們在後文繼續詳談。

母親離家之後，兩個女兒戒慎恐懼地待在家裡，緊貼著身體坐著。這時卻出現了敲門聲，一個自稱是伯母的人笑容可掬地請她們開門。接著她們就讓這位「伯母」進入了屋內。

現代女性的議題：與母親身分的和解

此處的伯母是一位替代的母親。更正確地來說，是承受著邪惡母親投影的替身。在童話〈白雪公主〉中那個想殺死公主的繼母王后就有這樣的色彩，反映了母女之間的世代戰爭。

孩子會搶走大人的資源，這是毋庸置疑的。特別是對女性來說，孩子的出生雖然令人喜悅，但更多的是初為人母的不安與疲憊和少女身分的喪失。對現代女性來說，更是自我實現機會的中斷。因此母親與孩子之間的心理衝突可謂古已有之，於今為烈。女性是孕育生命的容器，這個大自然所賦予的身分要如何與孩子所象徵的未來性和解，是現代女性的重要議題之一。

因為涉及了放棄與獲得，因此成為母親本應是一種重生後的英雄形式，與所有神話中殺死惡龍取得財寶的英雄故事一致，但當代社會不再讚揚此點，失去母親神話支持的現代女性陷入了兩難。

棄此不顧，自我就會與內在的自然女性發生斷裂，但如果女性只能被迫當一個世俗眼光裡的好母親，又容易使自我的能量受到抑制而委靡憂鬱。因而如何同時擁有兩者而不顧此失彼，成為了當代女性的最大難題。

生命的未來性是由我個人的生涯來予以發揚呢？還是由我的孩子來承接？事實上，傳統的女性都選擇了後者，結果是使孩子背負著母親的陰影重擔，難以在心態上變得獨立。但一味要求現代女性重拾「傳統美德」是絕不可行的。

女性的真正解方是進化，是帶著意識重新返回自身。有意識地接納這樣的衝突，同時有意識地理解人生不可能完美。唯有如此，人才可能有意識地感知到不完美人生中的完美。易言之，成為母親的前提只有在女性願意「選擇」成為一位母親的情況下，這樣的難題才有可能解決。或許是題外話，但相對之下，又有多少男性是真的「選擇」了成為一位父親呢（而不只是時間到了，該結婚有個交代了）？

母女間的世代戰爭

此外，母子關係與母女關係雖然乍看相似，實則相當不同。佛洛伊德特別強調異性親子之間的強烈吸引，以及同性親子之間的競爭關係。若從榮格的觀點來看，這是由於陰影特別容易投射在同性別之間導致的。除了容易是陰影的投射對象外，女兒也常常象徵著母親的新生自我。在希臘神話〈狄蜜特尋女〉與日本傳說〈鬼在笑〉裡我們都能見到這類的意象。

為了尋回女兒，母親必須在黑暗中漫無目的地行走。這兩則故事所強調的都是母親的努力。但虎姑婆傳說卻是從女兒出發，描述女兒如何擺脫內在母親的壓力來讓自己獲得成長。

回到故事來談，伯母／虎姑婆猶如童話中的繼母，是黑暗母親的化身。當她進入家門後，先是邀請這對姐妹們一起洗澡，繼而又邀請她們一同睡覺。姐姐帶著懷疑拒絕了她，但妹妹卻由於貪戀著黑暗母親所能提供的熟悉感而接受了她。後來姐姐在半夜聽見了怪聲音，竟然是虎姑婆在啃著已逝妹妹的手指頭。

這裡再現了〈白雪公主〉中的王后調製毒蘋果害死白雪公主的主題。世代戰爭就此開打，但不同於白雪公主的勝利，虎姑婆卻告訴我們，不是每個孩子都能贏得這場戰爭。

姐妹何以會迎向不同命運？

應對方式的不同，決定了兩姐妹在面對黑暗母親時的不同命運。

姐姐先是拒絕了伯母一同洗澡的邀請，不願與虎姑婆裸裎相見，意味著她已經帶著意識建立起個人的界線。舉例來說，孩子會藉由保有自己的祕密來宣稱個人的主權。祕密基地的位置、基地裡藏著的寶貝、祕密小隊的名單、小隊今天的探險地點，這些都是孩子企圖掌控人生的努力（有時甚至是不願讓爸媽知道今天被老師處罰了）。

有智慧的父母必須學著尊重他們，讓他們的願望能安全地在心裡茁壯，而非打擾干預，這樣他們就能成為有主見的大人。父母若能這麼想，就不會為了不再能分享他們的人生而難過。

然後姐姐又拒絕了一起睡覺的提議，換言之，她希望能獨立面對個人的內在空間。但妹妹卻不同，她寧願拋下界線，使自己的一切都暴露在黑暗母親的面前。孩子的詭異夢境往往反映出父母的心理狀態，因此親子之間雖未明言，彼此的潛意識卻常常相互感染，牽扯不清。

自我的發展是一個漫長而了不起的成就，現代人在青年期時還常感猶疑，更不用說孩提時的自我基本上仍大部分處於潛意識的渾沌中。年長的姐姐象徵著那些自我意識已經茁壯的孩子，而妹妹則否。傳說雖用生理年齡來表達姐妹不同的應對方式，但我們的心靈成熟與否卻不完全是由生理年齡決定的。

內心孩童被虎姑婆捕食的受傷大人

有的人終其一生都是個擔心受怕的孩子，即便他對外的表現總是氣勢凌人，但其表面的剛強往往是內心脆弱的補償。即便中壯年之後，看似成為了社會的中流砥柱，也無法促使內心的幼稚孩童變得果決。他們的人格或者停留在某一個過去的時刻，與身體大幅脫節；或者變得過於世故，迷戀權力的追逐與運用。

就算在現實中看似適應得很成功（有時甚至可以是非常地成功），也很難以真誠之姿進入親密關係裡，向他人勇敢地敞開自我。而這有時是創傷的一種表現，當事人得以藉由對可怕的情感築起高牆，從而在現實中獲得重大的成就。

很不幸地，為這類孩子帶來創傷的父母（也就是吃掉妹妹的虎姑婆），常常會得意地以子女的成就來證明他們教養態度的「正確」。其實孩子唯一需要的禮物就是在他還是嬰兒時被無條件地愛過（這有助於安全依附的產生）；在他謀求獨立時，被適當地支持過。而這件事往往要求父母親有一個成熟的人格，才能做出最佳判斷，有為有守地承擔教養所需要的一切。

這樣的孩子長大後無法被愛，也無法愛人。所有的親密之舉都會令他們連結到虎姑婆的形象與企圖，而我們的現代社會則助長了這個傾向，使他們終其一生不需要往內看。如果說他們內心的孩童已遭到了虎姑婆的誘騙與捕食，或許也不能算錯吧？

屋外的決戰：自我與情結的搏鬥

虎姑婆津津有味地啃著妹妹的手指，姐姐雖然害怕傷心，卻還是想到了逃離控制的方法。她假裝要去茅廁，然後帶上了裝滿水的瓶子，將水滴慢慢地滴下，製造出正在上廁所的假象。自己則爬上了井邊的大樹上等待天亮。而虎姑婆雖然一時受騙，卻很快地在井水上看見了姐姐的倒影。

這是姐姐開始使用計謀的時刻，也是意識之光逐漸灑向母親情結的時刻。虎姑婆在看見倒影後，急著想爬上樹去抓她。但也正在這個時刻，情勢迎來了極大的翻轉，姐姐編織出了另一個謊言，請她燒一鍋滾燙的熱油給自己，她才願意束手就擒。而虎姑婆則喪失了原先的狡詐，變得言聽計從，甚至因此失去生命。這是怎麼回事？

傳說在這裡出現了多個意味深長的象徵，理解這些象徵，我們才能掌握故事的鑰匙。

首先，房子象徵著我們的人格，我們的內心之家。當黑暗母親被引入房屋的那一刻，妹妹的死期就註寫下了。虎姑婆在那裡一步步地誘騙妹妹，最後讓她成為了自己的晚餐。而姐姐與黑暗母親的鬥爭則是一步步地將其誘騙離開，從屋外的廁所，一直到井邊的大樹。

入侵人格內部的情結逐漸地遠離，意味著姐姐的自我界線已經發展得足夠穩固，能和情結僵持搏鬥。這便是前文〈蔣侯助殺虎〉中所提到的覺察階段。但是覺察不會立即帶來改變，它還必須逐步地觸及自性的層次。唯有同時關注著靈性世界與現實世界，真正有力的改變才會發生。而這一點，是以接下來的兩個象徵來代表的。

井中的倒影：兩極的交會

其次，井通向未知的地底，象徵著潛意識內容的井水則從深處汩汩湧出。虎姑婆看見了姐姐映照在井水中的倒影時，她見到的並非姐姐的自我（因為姐姐在高處），而是位於潛意識深處的，井中的另一個我，也就是先前所提到的「自性」。從樹上到水井，這意味著從高處到低處，從自我到自性，則象徵著兩極的交會。

因此這是個意識逐漸與潛意識密集接觸的過程，而此過程免不了有多次的鬥爭。虎姑婆並不是一個腦筋簡單的妖怪，這從她自稱是姐妹兩人的伯母，先邀請她們一起洗澡以卸下心防，然後再一起睡覺來達成吃人目的就可看出來。而姐姐自始至終雖對她抱持懷疑的態度，卻未與她正面抗衡。待妹妹死去，姐姐開始了連串操作後，虎姑婆則開始變得愚痴，並在見到倒影之後中了高舉沸騰油鍋張開大口的計謀。

這個自我益發活躍，情結就益發沉寂的現象說明了當事人的心理能量正在往自我處移動，強大的母親情結正在消風。

這裡我們稍微放慢一點進行說明，人的心理能量是固定額，當它往潛意識處移動時，我們的內心幻想會變得越發豐富精采，但同時也會對外界失去應有的注意，變得像個不聞不問的隱形人。

與母親同住在平靜深山的姐妹，就充滿了這個寓意。這是兩個沉浸在潛意識美好，居住在父母所提供的安全與死寂中的孩子。妹妹的結局是我們最不想看見的，她最終被自己的黑暗母親給吞噬。姐姐則相反，她先是被動地躲藏，而後是主動地設下圈套。

這意味著她的心理能量重新自潛意識中回流，並有意識地與黑暗母親展開搏鬥。而越是搏鬥，黑暗母親的影響力就越是衰頹。

大樹與臣服：搗蛋鬼現身

第三個值得注意的是茄苳樹，樹的象徵在傳說裡俯拾即是，佛陀在菩提樹下悟道，〈屍變〉中的車夫在大楊樹下和女屍展開了對峙。此處的姐姐同樣躲在樹上以逸待勞。當姐姐選擇了象徵著個體化發展過程與人格核心的大茄苳樹為親近的對象之後，翻轉就逐漸開始了。

茄苳是臺灣人都很熟悉的樹，有許多地方都以它為名。佳冬鄉、茄苳溪、茄苳坑等都是。全樹都可以藥用，茄苳樹的果實是許多鳥類的食物，茄苳葉也是食材，例如茄苳蒜頭雞。在我服務的地方，也種著百年以上的茄苳樹。至今於民間也都有祭拜老茄苳樹的習慣，將之視為神靈。

在邵族的傳說中，茄苳也是象徵著祖靈的聖樹，當他們的祖先來到日月潭的光華島時，向茄苳樹祈願：「願我族子孫長居此地，勢力就像茄苳樹年年萌芽的嫩葉，每當長出一片新葉，就代表族裡添了一名壯丁，邵族將永遠茁壯強盛。」所以稱它為臺灣人的心靈之木似乎也是可以的。

因此，茄苳樹同樣意味著姐姐對自身靈性的接近，她選擇爬到大樹上而非躲進森林裡，就象徵著自我對自性的一種臣服。

在童話故事〈瓶中精靈〉中，墨丘利（Mercury）是藏身在一株大橡樹根部的精靈，本來專事愚弄人類的墨丘利卻在此處受到了愚弄，猶如姐姐從一位天真的女孩轉變成帶著城府的成熟女人那樣，原本欺騙妹妹得逞的妖怪虎姑婆在這裡反倒成了被欺騙的對象。

善用惡與父母鬥智的孩子

也同樣是在這一刻，姐姐內在的「搗蛋鬼原型」開始運作，利用惡的力量與黑暗的大母神展開了對決。孩子成長免不了與父母鬥智的過程。不論是刻意把青菜吐掉、等父母睡著後偷爬起來玩耍，還是在父母未注意時故意欺負弟妹都是如此。

本文中的這兩則傳說都暗示著搗蛋鬼與自性之間有著千絲萬縷的聯繫。靈性無法在光明中找尋，甚至無法在英雄認同中找尋，是傳說與神話的普遍主題。

讀者在此處可能會想問，靈性的經驗有可能在孩童的時段發生嗎？事實上，這件事比我們想得還要普遍。我們甚至可以說，早年與靈性接觸的瞬間才真正開啟了我們後半生的追尋。那是一種發現前半生的努力其實搞錯了方向的驚慌，一種第一人格終於要讓位給第二人格的覺知。聖杯神話就精確地點出了這個主題。男主角帕西法爾必須用他的後半生彌補年輕時所犯的錯誤：重新回到聖杯城堡，問出那個可以解救漁夫國王的問題。

許多人之所以會在中年時毅然決然地放下令人稱羨的高薪工作或者國外生活，反璞歸真地回到故鄉或農地裡耕作，背後都有同樣的理由。對我而言，那是童年時臺東的山與海。對其他人而言，則可以是任何東西。小時候母親煮的家常菜、曾經珍愛過的小玩具車、表姊房間中的香水味，或者母校的教室與畢業紀念冊。那呼喚我們歸返的常常就是某種與靈性相連結的經驗。

另類的成功模式：搗蛋鬼英雄的當代隱喻

搗蛋鬼是一個負面的英雄，跟所有的原型一樣，他既是一個神話人物，也是一種內在的心靈經驗。有別於那些吸引了正面特質的典型「英雄」人物，搗蛋鬼與權力的核心、權力擁有者提倡的價值觀，總是保持若即若離的態度。

他處在一個邊緣的位置，乍看之下甚至有些自甘墮落。如果一個社會越強調單一的成功模式，例如成績、努力、家世背景，那麼能擠進「英雄」窄門的人就會越來越少。所有的人都會在制度的扭曲中變成「失敗者」。

因此傳說雖然是以孩子的成長為例指出了搗蛋鬼經驗的重要性，但令人驚訝的是，搗蛋鬼的意象無論中西在這半個世紀中都有逐漸凸顯的趨勢。舉例來說，金庸筆下的英雄人物從大俠郭靖一直到令狐冲、韋小寶，就明確呈現了這樣的變化。

雖如此，搗蛋鬼仍舊是一個飽含陰影特質的人物，但正是他身上的黑暗屬性才讓姐姐能成功地與虎姑婆所象徵的大母神帶來對決的態勢。在希臘神話中巨蛇培冬（Python）是古老的大地女神蓋亞（Gaia）所生，在宙斯統治世界之後為亂人間，受到太陽神阿波羅（Apollo）射殺。太陽象徵著意識，他殺死培冬無疑地代表著陽性心靈對黑暗母親蓋亞的回擊和拒絕。但〈虎姑婆〉傳說卻另闢蹊徑，姐姐憑藉的不是高超的武藝與主角光環，而是一連串的巧詐與計謀。

有意思的是，這兩種應對方式的代表神祇，亦即阿波羅與赫密士（也就是墨丘利／搗蛋鬼）本就是一對兄弟，而赫密士甫出生後所做的第一件事就是偷走了這位文藝之神與光明之神兄長所養的牛。但智勇雙全的阿波羅卻一點辦法也沒有，因為赫密士刻意留下了假的足跡，讓阿波羅無處尋賊。他又將牛做成了香噴噴的牛排分享給諸神，讓諸神也成了共犯之一，不好在事跡敗露後站在阿波羅那一邊嚴加苛責。

這就說明了搗蛋鬼這位黑暗的英雄與阿波羅這位光明的英雄可能是一體的兩面，後者的能力甚至優於前者。

搗蛋鬼原型提供了另類的成功模式（雖然不見得是我們的社會喜歡的那種模式），讓所有受困於「好孩子」、「乖寶寶」、「勤奮認真的年輕人」的每個人都有機會反思自己的體貼與努力是不是被他人濫用了。

他的陰影特質使我們對聽話的「人格面具」保持距離，從而能涵容自身之惡，成為一個更完整、更具個性的人（這一點可從大量個人工作室的出現，以及網紅與自媒體的流行見到英雄典範的轉移），同時也成為一個更具界線的人。如果這不是獨立成熟的標準，什麼才是呢？

犧牲與轉化：家庭中的代罪羔羊

現在我們把目光再放回黑暗母親身上。

虎姑婆爬不上樹，這本身就違反了貓科動物的天性。她甚至接受了將熱油往上送的致命提議。而當她燒好熱油用竹竿遞給姐姐時，我們幾乎可以說，作為黑暗母親的虎姑婆已經做好了死去的準備。雖然每個母親都渴望孩子愛自己，但她們更渴望孩子平安長大，並且勝過自己。這便是榮格所稱的物極必反（enantiodromia），人的內在動力總是會從高處往低處流動。愛過頭了就恨，恨過頭了就後悔。

當黑暗母親吞噬了自己的子女後，緊接而來的就不再是死亡，而可能是下一次的生育。這是為什麼我前面說，妹妹也可以被視為自我中較為落後的面向。當象徵著人格落後面向的妹妹被吃掉之後，姐姐就成長起來了。她將成為一個成熟的個體，因此虎姑婆的能力也隨之消滅。

若從這裡再做延伸出去，我們也可以看到為何許多家庭裡總有一個孩子成為整個系統的代罪羔羊（scapegoat）。虎姑婆傳說暗示著，黑暗母親的罷手會要求某一個孩子的獻祭與犧牲。那個她最看不順眼，或者最疼愛的孩子，往往會成為痛苦地承擔她一切陰影的孩子。孩子或者不上學了，或者出現了種種行為問題，以不當的方式表現自己的特立獨行。隨著這個孩子的淪落與退化，他的其他手足們卻變得日益傑出，與之形成強烈的對比。這不正是虎姑婆故事的情節嗎？

因此，「犧牲」必須以象徵的形式在我們的內心世界發生，易言之，犧牲掉我們內在幼稚的自我（妹妹），然後換來成熟的自我（姐姐）。否則它就會投射到真實世界中，以投射性認同或共演（enactment）的方式，使家中的某個成員或曾經親密的朋友承擔犧牲者的角色。

大家或許有過被好朋友背叛的經驗吧？在那類經驗裡，犧牲被外顯了，藉由背叛曾經親密的朋友，來讓自己變得「正確」，讓自己從混亂與自卑中獨立起來。所以我們要小心那些會在你面前講他人壞話的朋友，有很高機率，他們也會在別人面前中傷你。那些無心之失都會被放大成刻意的攻擊，造成當事人很大的困擾。

人的心理就是如此微妙，不可不防。

這再一次說明，個體內與個體間的系統是彼此交織的，熟悉故事分析的人往往就能見微知著。

我們心靈中的一切都彼此對立，但對立並不是互斥，而是互生。陰陽之間總是此消彼長，在某一端發展過頭時，就會迎來另一端的補償。心靈自有其趨向完整的傾向。因此虎姑婆才從狡詐變為愚魯，姐姐則從被動變得主動。可以這麼說，她們雙方都迎向了各自的命運。

吞噬與成長：虎姑婆傳說的矛盾與吸引力

當這一切結束後，雜貨郎才出現。他是故事裡唯一的男性，而他的職業則是穿梭在山林與村莊間，走門串戶的徒步小商販。赫密士本人就是商販以及跨越邊界的旅行者的保護神，雜貨郎的職業再現了搗蛋鬼的特質。他的出現意味著象徵潛意識的深山已經迎來了外人的足跡，它不再是人煙罕至的偏遠山林，而是個能與他處／外人相聯繫的節點。

姐姐開口請雜貨郎幫忙標誌著她與自身的陽性能量取得了聯繫，虎姑婆／黑暗母親的影響力退去，終於成為了不具威脅的背景。而她能與陽性能量取得聯繫的原因是什麼呢？是她一連串有意識抗拒黑暗母親意欲入侵自我的作為。

這也呼應了〈野狗〉的宗旨，在這篇故事裡，李化龍在退無可退之際以石塊擊退了黑暗的進逼（可參見《傳說裡的心理學：厲鬼與妖怪》），虎姑婆傳說裡的姐姐也是如此。但後者卻更深刻地表達出黑暗原型的兩面性，她既可以是恐怖的虎姑婆，也可以是催促我們成長的動力。

如果不是她的到來，姐姐或許永遠沒有成長的機會。虎姑婆傳說以妹妹的死襯托出姐姐的生，暗示了黑暗本身既如佛洛伊德所認定的那樣是毀滅性的，返回無機物狀態的死亡本能，但同時又存在著推動整體人格向前進化的要素。這樣的弔詭無疑是使讀者莫名受到吸引的深層原因。

佛家就用「逆增上緣」來稱呼這類以痛苦或刁難的型式來磨練我們的所有因緣與人物，或許這也可以作為黑暗原型的注腳。在遇到來自他人或環境的惡意時，也請各位讀者朋友將它視為打磨我們自身的力量，那很難受，卻是引領我們走進深度所必須。

結語

一篇同時說給父母與孩子聽的故事

現在我們只需要再回答一個問題就可以了，起源於中國的傳說如此之多，為何臺灣人對虎姑婆的故事情有獨鍾？允許其在臺人的集體心靈中落地生根？

它的答案似乎與臺人的陰性心靈傾向有關。在〈燈猴〉裡，拯救臺灣人的是觀世音菩薩；在〈陳守娘〉中，成功收服陳守娘的也是觀世音菩薩。男神並非沒有重要性，但在我們身邊的故事裡，女神所象徵的陰性面與我們更加親近。

虎姑婆則是女神的另一個變形，是以吃孩子的形象使人恐懼的妖怪。但細究其心理學意義卻可以發現，她的出現其實拯救了一直以來被母親給困在深山中的姐姐。

妹妹此處的死象徵著幼稚自我的死亡，若不是虎姑婆侵入了這座平靜的山林，那麼還在孕育中的成熟自我（也就是姐姐）或許就沒有機會自潛意識裡獨立。易言之，比起燈猴傳說強調陰性心靈正向的一面，虎姑婆傳說卻同時描寫了陰性心靈彼此對立的兩面。正是這樣矛盾的二元性，才使虎姑婆故事牢牢地在大眾的心靈底層扎了根，從而成為臺灣最知名的妖怪傳說。

傳說的結尾是媽媽回來了，她雖然對妹妹的死哀傷欲絕，卻也因為姐姐的存活與機智表現而安慰。換言之，母親雖然對孩子不再依賴自己而難過，但對孩子終於獨立長大也甚感欣慰。

姐妹其實都是自我的一部分，因為人的天性裡存著冒險與安全的矛盾需求，人永恆地受到它們的拉扯。然而，作父母的我們不也同樣矛盾嗎？我們既希望孩子永遠都小，能陪著我們；又希望孩子能趕緊長大，擁有自己的人生。

後來姐姐嫁給了雜貨郎，也就是說，姐姐與內心興起的陽性面產生了有益的結合，相信在雜貨郎，亦即我們內在陽性心靈的引領下，故事中的女主角將會變成一個成熟的大人吧！虎姑婆傳說同時點出了父母與孩子雙方的功課，這樣動人的故事成為了我們的共同回憶不是很自然的嗎？

退行與重生：白米壺與白米甕

故事大綱

一、白米壺（《臺灣風物》）

基隆的仙洞，洞內從前住過一位廟守。據說洞頂原有一個空隙，每天漏出一些白米來，給那位廟守吃。如果逢廟裡有客，漏出的白米也會較平時為多。一天，洞裡來了一個風水師，見到洞頂漏下白米，就對廟守說：

「這空隙既然每天有米漏出來，裡面蘊藏一定很豐富。假如把空隙開掘得大一點，可以得到更多的米，賣出去會發大財。」廟守本來不聽這位貪心的風水師的話；但後來利誘心動，終於把空隙鑿大了一點，可是結果，白米只有那一次比平常漏出得多一點，以後就一粒也漏不出來了。廟守懊悔不及，從此斷了米糧，沒有飯吃，最後竟餓死了。現在，人們都叫這空隙的地方為白米壺。

二、白米甕（《思古幽情集（一）名勝古跡篇》）

古時候紅毛洋人侵占臺灣北部，當時的漢人為了避難，紛紛躲到海邊大小山洞裡不敢出來，日子一久，大家攜帶的食物都吃光了，正臨窮途末路之際，有人忽然發覺一塊岩石形如米甕，細看之下發現裡面卻裝著白米。於是大家如獲至寶，靠這些白米度過一段困難的時期。奇怪的是白米湧出來的數量不多也不少，每次都配合需要的人數湧出。可是避難者當中，有一個自私者，為了獨占白米，遂將白米甕口鑿大了，從此白米甕失了靈，再也不湧出白米了。

三、白米甕（《基隆市民間文學采集（二）》）

清朝「西仔反」，每個人都跑去躲了起來，那時我母親才七歲，她躲在東邊，東洞這一角。來三個人，就湧出三個人的米；來十個人，就湧出十個人的米，不多也不少。她這才說：「仙洞空，白米甕。」等荷蘭人退兵後，米就不見了。

全臺各地的出米洞類型傳說

石洞或石縫中會流出恰好分量的白米傳說，並不是基隆白米壺與白米甕獨有。事實上，從高雄半屏山、臺南關仔嶺，乃至臺北的關渡和宜蘭蘇澳都有類似的民間故事在流傳。在民間故事的分類裡，被命名為「出米洞」型傳說。中國許多地方也有相近的傳說版本。固然傳說有流傳的途徑可循，但深度心理學認為，它同樣是自發出現的產物，是原型的一種自主表達。就算此類傳說是一種對他人故事的「借用」，也絲毫不妨礙它的原型性質。否則，我們就難以理解為何偏偏是這樣的故事會被聽者所記住，並投射在各地住民的周遭。

豐沛的母親意象：甕、壺與魔法大鍋

白米壺／白米甕傳說的特別之處在於它豐沛的母親意象。首先，甕與壺都是一種口小肚大的工具，對應著女性的子宮。洞中會流出白米，意味著大地母神的豐饒。這都是很常見的母親意象的表達。類似的表達不僅出現在東方，歐洲同樣流傳著類似的母題，最著名的非愛爾蘭——凱爾特神話的神器「魔法大鍋」莫屬。

大鍋神話在愛爾蘭及威爾斯都廣為流傳，考古學家在兩地及蘇格蘭都發現了許多放在沼澤或湖水中，作為儀式道具而使用的大鍋。這麼做似乎是因為古代人相信大鍋和水相連。與大鍋神話相連的主題主要是能讓人死而復活，並提供無限的食物。

凱爾特神話中的主神，被成為善神（Good God）的達格達（Dagda），就擁有一口達格達的大鍋（Dagda's Cauldron），不論有多少賓客，他都能讓他們滿足而歸。在神話《馬比諾吉昂》中，女英雄布朗溫（Branwen）的哥哥就送她一個可以讓死者復活的神奇大鍋作為嫁妝。魔法大鍋不僅能逆轉生死和產出源源不絕的食物，它也是知識的賜予者。預言詩人塔利辛（Taliesin）的前世就曾意外吃了在凱莉德溫大鍋（Ceridwen Cauldron）中熬煮的三滴藥湯。

鍋在這裡同樣象徵著子宮，它與水之間的連結，很明顯指著子宮與羊水的關係。水與下界也有高度相關，往往暗示著黑暗與渾沌，而白米壺與白米甕的故事產生地基本上座落在陰暗處，這一切都指向了女性神祕的生育力。而這些意涵又與知識相連。

在德爾菲神廟裡，負責解讀神諭的人稱為皮媞亞（Pythia），她們是一群女祭司，顯見掌慣理性與秩序的太陽神也得仰賴女性的直覺力才能預言未來。眾神之父奧丁在光明之神死去後，急忙地來到冥府（又是下界的另一種象徵），喚醒死去的女祭司瓦拉，詢問諸神的黃昏。奧丁在神話裡是擁有預言能力及一切知識的天神，但他同樣要向女性尋求解答。

格林童話的〈甜粥〉裡，小女孩也在森林裡遇見了一位慈祥的老奶奶，她送給貧困的小女孩一口小鍋，只要對它說：「小鍋，煮吧！」鍋子就會源源不絕地出現甜粥，不想吃的時候就對它說：「小鍋，別煮啦！」鍋子就會自己停下來。但小女孩的母親在開心之餘竟然忘了問停止煮粥的咒語，最後是整個小村莊都被甜粥給淹沒了。誰要是想回家，就得奮力吃出一條路來。在這個可愛的童話中，森林裡具有魔法的老奶奶顯然也是原始母親意象的另一個化身。

因此重生、豐饒與知識，可以說是女性或母親意象的三種表達。這樣的表達我們在後面的白米甕傳說裡還會看到。

全能的好母親

此外，這類出米洞型的傳說尚有一種濃厚的母親特質，那就是「剛剛好」。故事裡反覆提到「不多也不少」。如果只有一個人，那就只流出一個人的分額，如果來的是十個人，那就流出十個人的分額。這種對個人需求的預知，是全能的「好母親」的特徵。

一個善於照料孩子的母親，就是個能敏察孩子各種需求的母親。嬰兒之所以哭泣是因為尿布溼了該換？累了想睡覺？或者還想繼續玩卻找不到玩伴呢？過於焦慮、有著精神官能症以及缺乏社群資源挹注的母親就很難做到這一點，從而造成嬰兒不安全的依附。

人若要回歸嬰兒時期的依賴感，就必須仰望一個全能的、如神明一般的母親。在這裡，他可以像個小嬰兒一樣，不需要對任何人負責任何事。在這裡，並沒有真實的世界。他的世界都是這位全能好母親的恩賜。然而，全能的好母親是不存在的。

不論男女，每一個照料者都會有失誤、對嬰兒的需求有誤解。因此這樣的願望在佛洛伊德的觀點來說是一種退化的幼稚期待。這樣的期待其實不僅發生在對全能母親的幻想，也同樣會發生在對完美感情或完美伴侶的幻想。因此，事實上這種對「退化」的期待卻比多數人認為得還要普遍。

然而，這樣的期待一定是不健康的嗎？不見得。

要知道，每個偉大的藝術品都會反映出一種成熟的品質，那絕不是童年期的單純願望所能展現的。

聖修伯里在《小王子》中那幅被眾人誤解的帽子畫就有這樣的意味，沒有人看得出來那是一條蛇吞了一頭大象，因為那過於封閉且幼稚。直到聖修伯里寫出《小王子》這樣的作品，才展現了成熟的藝術風格（從此點而言，榮格分析師法蘭茲似乎小覷了這部作品）。

這類的作品都會展現出創作者與「非存有」或潛意識之間的搏

鬥，正是能夠涵容這樣的巨大焦慮並賦予這樣的焦慮一種成熟的形式，才能誕生出偉大的作品。

因此，單從病態的觀點來解讀這類傳說必然也是不充分的。

圓與滿：伊甸園神話的再現

甕與壺不僅是母親的子宮，如果僅把它們視為能夠滿足口腔期欲望的乳房就輕忽了這類傳說的意義，因為它們同時也是一個圓。凱爾特文明的流行區以大鍋作為祭拜對象也有同樣的意味。古人祭拜的不僅是母親，也是象徵完滿個人生命的曼陀羅。一個沒有終始點、包容一切、展現人類工藝技術的基本圖形：圓。

甕是當時臺灣人用以貯米的工具，不用我特別說，讀者也很清楚了。米甕外面常常會貼上一個「滿」字，象徵完滿、圓滿。易言之，充足且完整。這樣的意象是為何此類傳說常常以僧道為主角的原因。管理者往往是僧人或者道士，因為他們的職業跟走向完整（成佛與修道）有關，因此與我們內在的自性相連。作為聖與俗之間的中介，他們享用著來自潛意識的照料，自由取用心靈的資源。

這一切又將甕與壺指向了普羅若麻（pleroma），這是諾斯底教派的用語，指涉原初世界的完滿與豐盛。因此這類傳說反映的不僅是往母親子宮的回歸，更是對完整狀態的嚮往，一種伊甸園神話的東方式版本。

在伊甸園裡流著的是奶與蜜，在此類傳說裡，流的則是白米。白米是一種脫殼、碾除粗糠之後的精緻化食物。一如奶與蜜，是經過乳牛食草消化與蜜蜂採擷花蜜後，經由牠們的身體轉化而成的高級食物。伊甸園裡住著的是根據神的形象而創造出的第一個人類：亞當。易言之，是神之子。而白米壺中住的則是聖俗的中介者：廟守或僧侶。不論是什麼身分，都共同指向了人類的原初狀態是神人／聖俗的統一體。

但正如伊甸園裡最終出現了蠱惑亞當與夏娃的蛇，白米壺傳說也出現了蠱惑廟守的風水師。他是打破現狀的搗蛋鬼（參見第一章），是心靈中自發出現的成長因子。他將打破這個圓，從而造成我們永恆的失落。

貪婪的必要：成長總是帶來失落

蛇是遊走在兩界的動物，在神話中，常常扮演著人類的敵人。由於我在白娘子傳說中已經充分討論過蛇的象徵（請參見《傳說裡的心理學：異婚與冥戀》），此處就不再贅述。

外地來的風水師同樣如此，他們是穿梭在不同城鎮之間，為人做出預言的皮媞亞。他說服了廟守將洞鑿開，從此白米不再流出。

若從民俗的果報觀點來說，此處指的是貪心受害。但若從深度心理學的角度來說，將洞鑿大，意味著胎兒的出離母體，簡言之，貪念指的其實是獨立的願望。

當亞當希冀擁有更多知識時，天堂就失去了他的位置。只有從上帝的觀點來看，這才會是個悲劇。從人的觀點來看，這是亞當的二次出生。不同於他從上帝那裡被動地得到了身體，亞當吃下禁忌的果實後，主動地得到了他的意識。這是人類意義上的真正誕生。意識的獨立伴隨著完整性的失去，伴隨著全能母親幻想的瓦解，白米不再流出並不是一種懲罰，而是獨立的基本代價。

將原先的小洞挖大、鑿開，不僅意味著胎兒即將脫離母親，更是一種好奇心的表現。人類本能地想要知曉一切，鑿開出米洞的主角們欲求的不可能只是白米，更是事件的原因。「為什麼？」是人類文明得以建立的主要因素，挖與鑿指向了工具（不論是雙手還是人造器物），工具再度指向了意識。

貪婪在此處因此是一種必須。人若要成長，就必須貪婪。貪求著瞭解周遭的一切，貪求著父母親嘴裡念叨著的語言。孩子學著父母說話，模仿兄姐的行為，這一切都是一種貪婪，一種令父母親歡欣雀躍的人性感動。

因為孩子不會永遠是個孩子，因為父母親終有一天會老，會離開，我們需要孩子長大，需要孩子能夠為自己掙得米糧，而不是期待一個能永遠滿足自己需求的白米壺。易言之，孩子的貪婪是健康的，他不能永遠效忠於母親。他必須成為一個「人」。

因而傳說裡的失落不是為了貪婪而發，而是為了成長而發的。能夠面對這層失落的人，會成為一個獨立的大人，反之，則會四處貪求自己不應獲得的社會福利，感到世界對自己永遠有所虧欠（社福單位與教育機關常常會遇到這樣的人）。廟守之所以後來餓死了，就是因為這樣的人沒有能力長大，他們像一張永遠張著的大嘴，在這類故事裡既沒有姓名，也沒有明確的形象，原因正是他們不具備一個完整人格的緣故。

這類傳說因此總是帶著遺憾。遺憾的不是洞裡不再出米，而是我們終於長大，成為了一個「人」，但這也伴隨著神人／聖俗統一體狀態的失去。如前所述，人有在潛意識沉浸的基本需求，但這份需求不會隨著我們長大而失去，白米甕傳說的變體就指出了這一點。

白米甕傳說的升級

一直到這裡，我們所分析的都還只是出米洞傳說系列群的共通元素。這樣的解析放在各地都能成立，並不足以彰顯出基隆出米洞傳說的特殊性。基隆傳說裡比較特別的其實是白米甕故事。

在學者採集到的兩則白米甕故事裡，都指出了避難的劇情。避難的對象是「西仔反」的紅毛洋人，根據考察，指的是中法戰爭期間（一八八四—一八八五），法軍對基隆發起的進攻（雙方在基隆及淡水一帶密集交戰達七個月之久）。第三篇傳說的結尾處提到的荷蘭人，則明顯是個語誤。

基隆開港於一八六三年（天津條約），是臺灣最早與現代西方產生接觸的地區之一。價值觀與生活方式的衝擊對臺人的集體心靈產生莫大的影響，更多的西方商品輸入島內，臺灣商品的輸出也同樣出現了大幅度的成長，不僅貿易成長率超越同時期的中國大陸，更長期處於出超的局面，這個盛況一直持續到甲午戰爭（一八九五年）。當時的輸入品以鴉片和紡織品為大宗，輸出品則主要是茶、糖與樟腦。

換言之，這是臺灣人的集體心靈迎來大變局的時代。而中法戰爭則是此變局進一步加劇的結果，臺灣自此進入了更大的國際政治舞臺（此時的臺灣是作為法國壓迫清廷的籌碼，二十餘年後的甲午戰爭又使臺灣成為清日兩國交易的籌碼，今時今日，則是美中兩國競逐太平洋海權的籌碼）。

白米甕故事因此顯現出價值觀紊亂後的退化及復原過程。

仔細比較白米甕與白米壺（以及其他出米洞類型的傳說）兩則傳說後可以發現，白米甕之所以出米，並非早已如此，而是避難者的後來發現。換言之，是由於避難者的出現，白米甕才開始出米。那裡原本是一個無人知悉，或至少是人煙罕至的天然洞穴，並非某個廟守或僧道的住處。

避難：健康的退行

在原本的故事類型裡，不知何時就在那裡住下的廟守與僧道，一直以來就接受著出米洞的恩賜，一旦出米洞斷糧，無法獨立的當事人就只能死去。但白米甕中的避難者，卻是本來就在現實社會裡運作良好的人。他們之所以躲進去洞穴，是因為遇到了戰亂的緣故。也就是說，白米甕傳說所描述的乃是一個臨床上常見的「退行」（regression）過程。

也就是自我或價值觀暫時瓦解，在潛意識中等待重整重建的過程。

戰禍對人的心靈是一種催折。中法戰爭期間密集的接戰對當地人來說形成了令人恐懼的集體陰影。一度繁榮興盛的海港，一夜之間竟然成為了列強的爭奪之地。

在價值觀紊亂、生命與財產朝不保夕的艱難時期，亦即人處於某種過渡階段時，舊有的人格系統會面臨失靈，失去原先立足的根基。逃難者因此不僅在物理上尋得了一個可以躲藏的海邊洞穴，也在心理上投射出回歸母親的願望。

海邊是大海與陸地的交界，是惡作劇之神洛基擊殺巨人之處（參見《神話裡的心理學：惡與陰影》）。它的特色是隨著潮水的起落而變動，亦水亦陸的邊界特質暗示著當事人心智控制水準（abaissement du niveau mental）的下降，以及退行階段的到來。

洞穴裡，有一個石甕，會依據人數的多寡而流出白米，不多也不少。這樣的描述我們在出米洞傳說中已經提到，象徵著全能的好母親。但白米甕更進一步地暗示我們，這個全能的好母親是在我們進入退行（也就是因避難而逃到海邊洞穴中）時方才出現的。她在此故事的角色更像是一位在旁觀察的援助者，而非一位自始溺愛的母親。

退行被精神分析視為退化的幼稚過程。在這個過程裡，當事人彷彿回到了早期的發展階段，逃避當前環境中的衝突與焦慮。也就是說，當事人把改變環境的主動權給讓渡了出去，期待著全能好母親的到來。

這位全能的好母親確實到來了，她就在洞穴裡，就在逃難者恐懼茫然的時候，她彷彿預知了他們的需要，給予了剛好足夠的白米。傳說因此是一種確認，它向人們保證，退行雖然是必然的結果，但它並不必然是有害的。

因為潛意識或者非存有的面向雖然令人焦慮，但它同樣會產出有益的資糧，給予我們逃難的資源。當人願意去面對這個令人焦慮的戰亂情境與/或心理面向時，潛意識就會賜予我們剛剛好的所需。

比起餓死的廟守，逃難者最終都活了下來（否則誰來流傳這些故事？）也就是說，他們都安然地度過了這一場變革所帶來的退行危機。此時陰性心靈或母親子宮的回歸因此應該被我們視為一種健康的退化。這是其他地區出米洞傳說所沒有的特點。

重生：新形式的醞釀與創造的產生

相比於白米壺傳說中孤獨的廟守，白米甕所能容留的人數顯然更多了。此處我們撇去象徵不提，單從形式來看，就可以發現前者是圓中的一，後者則是圓中的三、圓中的十，或者更多（亦即逃難者的人數）。而數字三是所有創造已然穩定的基本形式。因為扣除圓形外，三角形是最基本且最少邊界的圖形。

形式與渾沌之間的關係猶如意識與潛意識，或者自我與非存有之間的搏鬥。存在心理學家羅洛梅（Rollo May）曾提到，創造必須忍受面對非存有或潛意識面向帶來的焦慮。

在白米壺（及其他出米洞系列的）傳說裡，我們見不到這層焦慮，因為三的形式沒有出現。而白米甕傳說所象徵的返還卻顯然帶來了三以上的數字。從幾何來說，一是點，二是線，三是面。白米洞的圓滿之所以要由帶有搗蛋鬼特質的風水師來打破，正是因為廟守所象徵的個體是不具備創造能力的。而最基本且原始的創造是什麼呢？就是生產。亦即成熟的胎兒本能地調轉頭部的位置，準備脫離母體，或者母親奮力地將嬰兒產下。

從當事人夢境中的形式，我們也可以判斷他的狀態，是過於固著，病態地顯現每一個細節，還是形式陷入了混亂（例如夢到跟著盲流移動，或追與逃的情節，這些都意味著沒有構成形狀的點）。

而白米甕這個圓之內所包含的形式不再是一個點，而是三角形、四邊形乃至多邊形的前期形式。之所以說它是前期形式，是因為故事中的眾人並沒有產生有意義的互動。話雖如此，此故事卻已包含了產生互動的前提要素。易言之，這是形式日漸多元的一場集體之夢，創造正在發生，新的形式也正在醞釀成形。

雖然正處於退行中，但兩相比較後，可以發現白米甕傳說裡，人格重組的意象非常鮮明。退行者即將在潛意識母體的滋養下迎來重生。

對居住地的神聖化：家鄉情感的萌芽

而白米甕之所以不再出米，第二則傳說的理由是逃難者當中有一位自私的人出現，重演了其他出米洞傳說的主旨：貪婪。第三則傳說的理由則是荷蘭人（應該是法國人）退兵之後，白米甕就不再出米了。

貪婪的主題一如上述，那是每個耽溺在全能母親幻想的孩子都必須面對的課題。貪婪是必要的，因為在潛意識中的沉浸最終會使人失去力量。偉大的創造只會源於自我與潛意識的搏鬥。意識的增長往往藉著「貪婪」這樣的主題浮現。

而第三則傳說的原因則更為直接。也就是當環境轉變，基隆恢復平靜之後，退行就結束了。人格在前段時期的混亂終了之後得到了有益的增長，意識自我再度茁壯的結果，就是切斷了原先與潛意識過深的聯繫。

陰影不僅是性願望與創傷的集合，同時也飽含著資源，甚至為人帶來真正的救贖。在讀這則傳說時，我不停地回憶起《聖經》中的一句話：「拿撒勒還能出什麼好的嗎？」榮格本人也提過這句話。這個誕生了耶穌的聖地，在那個時代卻是貧人的聚集地。在我們意想不到的地方（例如拿撒勒），在我們意想不到的時刻（例如艱困的退行時期），生命之水卻自這裡湧出。

因躲避戰禍而委身的海邊洞穴，為救助基隆難民而湧現的白米傳說，以其特有的方式再現了這個重要的心理學主題。因為這樣的故事，心理學才能大膽地宣稱焦慮有其意義，退行不會永遠持續，個體並不孤單。

逃難者的離開因此象徵的是自我的「重生」，而非誕生。重生往往伴隨著新知的獲得——一種啟蒙。啟蒙者會講述全新的故事，而這就是白米甕傳說之所以有別於全臺各地出米洞類型故事的原因。

這是一則受啟蒙者的重生故事！此處再現了北歐大鍋神話中關於女性或母親意象的三種表達：重生、豐饒與知識。

白米甕傳說因而可以被我們視為出米洞類型傳說的升級。當中所增添的內容不僅強調了對退行階段的信心，也反映了基隆人試圖神聖化其居住地的努力。

當我們開始神聖化自己的家鄉與居住地，我們也就神聖化了自己的生命。反過來說，人心若未經有意義的啟蒙，也絕無法使家鄉情感得到強化。心靈的安頓有賴於此。既然我所居住的地方是神靈的出沒之地，那麼在這個地方居住著的我也同樣屬於神聖的一部分。

深刻的認同與生命的倫理因此跟著現身。我們在此處看見了正在萌芽的家鄉情感。這點尤其令人感動。

基隆是北臺的門戶，異文化的輸入地，它優越的戰略地位使它成為中法戰爭的主要戰場。常見的出米洞類型傳說因此在這裡產生了獨特的變種。

傳說的原型性是深度心理學的關切之處，但其獨特性應該受到同樣的重視。從原初的全體性（wholeness）到必然的失落，人終於因為意識的「貪婪」而成長，面向了現實世界。然後再因為環境的變動與衝擊，回歸到潛意識的母源，再度接受黑暗恰如其分的滋養。

然而這一次我們已經很清楚了，這份滋養終將失去，一如我們曾經被迫離開伊甸園那樣。因此當「西仔反」象徵的人格混亂期結束之後，白米甕便不再出米，我們要再度面向現實。簡言之，出米洞類型傳說描述了意識自我從潛意識母體的出離，而變形後的白米甕傳說則描述了意識自我向潛意識的返還及重整之後對現實的回歸。前者指的是意識自我的誕生，後者指的是意識自我的重生。

自我與自性之間的關係就該處於這樣的動態變化之中。兩者都不能被對方給同化，如果自我被自性同化，意識就會變得錯亂失常；如果自性被自我同化，自我就會變得膨脹。

白米甕傳說從而奠定了這樣的心理學事實：兩極的存在是我們的心靈得以維持健康的基礎。而在潛意識母體的沉浸則是一種基本需求。在那樣的需求底下，當代的各種成癮（不論是物質成癮、購物狂、網路或遊戲成癮）都暗示著失去了神話、宗教以及荒野之後的現代人，其意識自我變得異常脆弱。

比起以往，我們這個時代因此更迫切地需要傳說與神話，需要能將居住地神聖化，從而能使意識自我浸淫其中，感受到神祕的各種故事。憑藉理性去保護大自然與荒野是遠遠不夠的，這是一場注定失敗的戰爭。

除非我們相信那是神靈的居所，認清那是內在完滿可以投射的對象，否則「理性」永遠會讓位給真正的貪婪。而這一切都意味著我們必須開始向內看，易言之，所謂人與他人、環境或世界的共好，並不全然是政治或經濟問題，而是一個道地的心理學問題。

相信黑暗源於外界的人是真正無知的人，他們總在尋求一個可以怪罪的對象，並隨時等著被挑起仇恨。社群媒體助長了這份無知，成為無知的幫凶。但我們可以試著反過來，讓社群媒體成為協助自知的工具。唯有如此，我們才能與內在的出米洞重新取得聯繫，個人的人格才能重獲生機，進而讓社會一起受益。這則傳說正具備這樣的意義。

世界的公民：熱蘭遮城牛皮換地傳說

故事大綱

一、蔣毓英：《臺灣府志》（一六八五）

天啟元年（一六二一），又有漢人顏思齊東洋日本甲螺（意為頭目），引倭彝屯聚於臺，鄭芝龍附之。未幾，紅彝荷蘭人由西洋而來，願借倭彝之地暫為栖止，誘約一牛皮地即可，倭彝許之。紅彝將牛皮剪如繩縷，周圍圈匝已有數十丈地，久假不歸，日繁月熾，無何而鵲巢鳩居矣。尋與倭約：若捨此地，每年願貢鹿皮三萬張，倭乃以此地悉歸荷蘭。

二、劉良壁：《重修福建臺灣府志》（一七四〇）

天啟元年，漢人顏思齊為東洋國甲螺。引倭屯於臺，鄭芝龍附之，尋棄之。久之，荷蘭紅毛舟遭颶風飄此，愛其地，借居於土番，不可，乃紿（音「帶」，欺騙的意思）之曰：『得一牛皮地足矣，多金不惜。』遂許之。紅毛剪牛皮如縷，周圍圈匝已數十丈；因築臺灣

城（即今日的安平）居之。已復築赤嵌城與相望，設市
於城外，而漳、泉之商賈集焉。」

故事解析

臺灣的牛皮換地傳說不僅在史料中被記載，也常被詩人引為創作題材，簡單舉幾個找到的資料，包括李欽文：「綠林勾結，紅毛借地，剪一縷之牛皮，占砂磧而建置。」施士洁〈臺灣雜感〉：「橫飛鹿耳空中艦，寸剪牛皮島外庭。」又有劉家謀：「東海鯨魚亦自奇，百年侵地返牛皮。以及石中英：「笑石無言口自開，當年占畢有餘哀，騎鯨人去牛皮地，鯤島頻頻易主來。」換言之，荷蘭人牛皮換地的說法極為流行，也被時人普遍傳頌。

我們曾經提到，傳說應該被視為心理事件，它的廣為流傳並不在於故事內容的真實性，而是它的原型性。臺灣沒有老虎，〈虎姑婆〉卻深植人心。同樣地，早就有學者指出（請見下文），牛皮換地一事絕無可能，但我們卻深深地受傳說所吸引。

也就是說，人的心裡一直具備某些故事的雛形，隨時準備讓故事成形。為了讓心裡的故事成形，即便扭曲或變造也沒關係。

早在一七五二年，王必昌就已在《重修臺灣縣志》中提出懷疑，「若倭之狡點狼貪，恐難以給而得也。且城踞一鯤身全島，何用剪皮圈匝？」也就是他認為，以倭寇的狡猾程度不可能受騙。更何況「牛皮細縷，周圍奚止四十五丈三尺乎？」以牛皮搓繩，也不可能有這樣的長度。

既然日本人「狡點狼貪」的印象深植人心，因此傳說很快開始出現了新的變體，荷蘭人的交易對象從「倭」轉成了「土番」。易言之，受欺騙的對象從具有狡猾特質的日本人轉成了較為純樸的原住民。因此故，傳說增加了合理性，是奸詐的荷蘭人欺騙了單純的原住民。

一八二二年，日本史學家川口長孺也在《臺灣割據志》裡提到，這則傳說可能與西班牙人用牛皮占領呂宋（亦即菲律賓）的傳說相混淆，是傳說的變種。熱蘭遮城的興建時間是一六二四年，起因是明朝政府以戰逼和，勸說荷蘭人退出澎湖，改以大員（亦即臺灣）為根據地，如果當時的臺灣是日人的根據地，荷蘭人應當不會接受這個條件。此外，當時日本早已開始陸續施行日趨嚴格的鎖國政策（一五八七年施行禁教令，一六一六年開始更規定除明朝船隻外，外國船隻只能停泊於長崎與平戶），用牛皮跟日人借地應屬無稽之談。

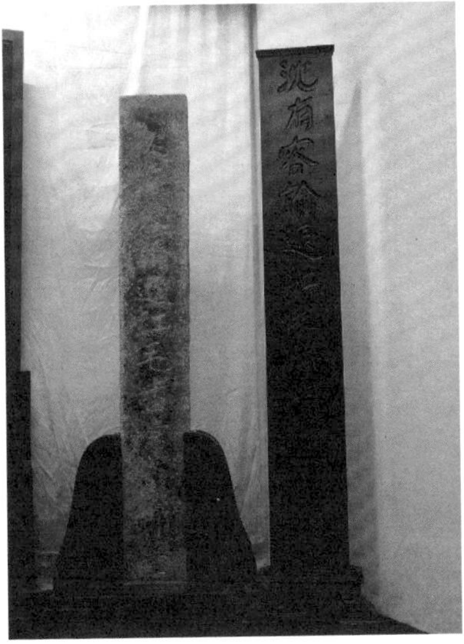

沈有容諭退紅毛番碑。現存於馬公天后宮。荷蘭東印度公司為求與中國互市，在攻打澳門未果後轉而占領澎湖。後在明朝都司沈有容率軍談判下，荷人轉往大員發展根據地。

但我們在此處見到了傳說的原型性質，重點根本不是和誰交易，而是交易的（心理學）本質，以及「牛」與「地」的象徵意義。

世界各地的牛皮換地傳說

在我們進一步說明牛皮換地傳說的原型性質之前，有必要讓讀者知道：牛皮換地，並不是一則土生土長的臺灣故事。正如上面我們曾提到的那樣，日本史學家川口長孺就已經發現，這則故事與西班牙人欺騙呂宋原住民的故事類似。

不說不知道，說了嚇一跳。牛皮換地還不僅只出現在臺灣與菲律賓，中國的東北（俄國人以牛皮換地詐取侵吞了黑龍江以北的土地）、澳門（葡萄牙人以相同手法騙取了整片澳門）、雲南（法國傳教士以牛皮換地蓋起了教會），乃至《聊齋誌異》都有類似的記載。

美國的原住民傳說同樣有白人以牛皮騙取土地，琉球（豪族仲宗根豐見親以牛皮騙取了宮古島大片土地）以及阿拉伯世界也都有類似的傳說，可謂數不勝數。讀者可以在網路上查到各種資料，此處不再贅述。

然而這類傳說卻有一個共同的源頭：迦太基建城傳說。迦太基是腓尼基城邦推羅的殖民地，長期與腓尼基母國處於和睦關係，直到亞歷山大大帝打敗波斯帝國（西元前三三三年）之後，腓尼基諸城邦也跟著陷落，從此迦太基取代了推羅，成為腓尼基文明的代言人。並與羅馬人展開了長期的對峙。

傳說的源頭：迦太基建城神話

迦太基位於非洲北部，位於今日的突尼西亞附近，是當時最強大的海權國家。目前推測它可能建城於西元前八一四年。在羅馬逐步統一義大利半島時，迦太基人也擴展了他們在北非的勢力範圍。

迦太基重視商業，透過轉境貿易建立了大量財富，而它的建城神話則與一位名為蒂朵（Dido，希臘人則將她稱為艾麗莎／Elissa）

的推羅公主有關。蒂朵的哥哥畢馬龍（Pygmalion）覬覦著妹夫的財產，因此在登基為王後殺了妹夫阿賽巴斯（Acerbas），並將財產據為己有。為了逃避哥哥的追殺，她率領親信逃亡，一路來到北非的利比亞王國。為了在這裡生活下去，她央求利比亞的國王賜予她一塊牛皮大小的土地，沒想到國王答應後，她竟將牛皮製成細繩，圈起了一大塊地，在那裡慢慢地建立了一座城市，並命名為「迦太基」，它的意思就是新城市。

而她的死則記載於羅馬詩人維吉爾所撰寫的《艾尼亞斯紀》（*The Aeneid*）中，特洛伊王子艾尼亞斯（Aeneas）帶領了一群人逃了出來，準備前往義大利建立新城邦。但途中受到暴風吹襲，來到了迦太基，受迦太基女王蒂朵的庇佑，後來蒂朵愛上了艾尼亞斯，但艾尼亞斯有復國使命在身，拒絕了她的愛而離開。因此蒂朵女王自焚而死，她的詛咒種下了羅馬與迦太基人日後衝突的遠因。

牛在此處不僅是換取土地的交換物，牠可以說就是土地本身。迦南神話是歐亞神話的重要起源，而其所尊崇的眾神之父埃爾（El）就很常以公牛的形象出現。

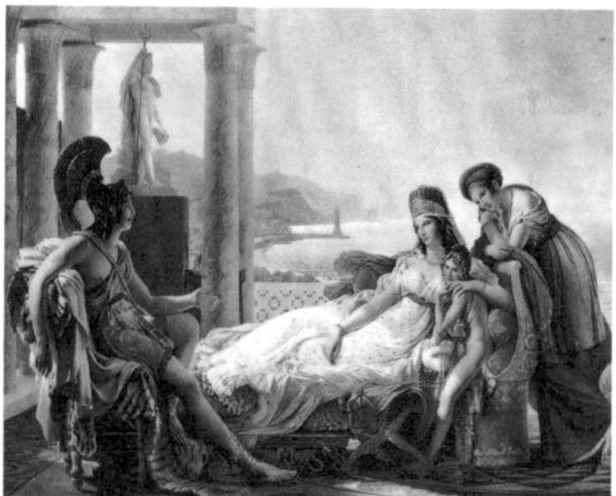

艾尼亞斯向蒂朵講述特洛伊戰爭的過程。《艾尼亞斯紀》是羅馬詩人維吉爾的作品，描述艾尼亞斯如何歷艱險阻才在義大利落腳，並與當地的拉丁人結盟重建城邦，從此之後這批特洛伊難民成了羅馬人的祖先。西元前753年4月21日，也就是特洛伊城陷落的三百週年當天，羅馬城建立了，希臘羅馬神話就此終結，進入了歷史時代。

吉爾伽美什的母親就是一頭聰慧的母牛，北歐神話最重要的創世母神奧都姆拉（Audumula）也是一頭母牛。

猶太教誕生於迦南地，對牛的崇拜也出現在儀式裡，他們會在儀式中燒毀母牛作為淨化。摩西將寫有律法的石版帶下西奈山時，就憤怒地發現猶太人們竟然在崇拜古老的金牛。印度教崇敬牛，黑天就會擔任牧牛童。佛祖名為喬達摩（Gautama），意思就是最殊勝的牛。至今臺灣仍有許多人不吃牛，可見不論東西方，牛都受到很高的尊崇。

牛不僅可以協助耕地，牠的乳汁、毛皮乃至排泄物都有經濟價值。在進入農業時代後，牛成為了人類最重要的幫手，以牠祭祀天神或代表天神，成為了廣泛的儀式與信仰。在希臘神話裡，宙斯就曾化為一頭美麗的公牛；米諾斯（Minos）在爭奪王位時也曾向海神波賽頓祈求，希望神明賜他一頭純白色的公牛來表示神的讚許。後來米諾斯王食言而肥，未將白公牛歸還波賽頓，因此他的王后受到詛咒愛上這頭白色公牛，並因此生下牛頭怪米諾陶（Minotaur）。這個半神半身的怪物，就象徵著人對神的欺騙。

奧德修斯的水手們因為飢餓難耐，偷竊了太陽神的牛而葬身大海。在《埃捏阿斯紀》中，特洛伊人來到迦太基尋求庇護時也向後者發誓：「我們絕不會以刀劍摧毀阿非利加的家室，或者偷竊你們的牛，將牠們趕到海灘。」易言之，牛不僅代表著神，牠同時也是人們最重要的財產。

將這份最重要的財產獻給天神不僅是迦南與近東諸民族的普遍作法（從猶太人、腓尼基、希臘、羅馬乃至阿拉伯人皆是如此），臺灣也是相同。鹿耳門的殺春牛也表現了同樣的意涵。可以這麼說，牛、神與土地，幾乎是一而三的關係。牛皮換地傳說之所以普及，正在於我們在心靈深處都承認牛的重要地位，而牛皮的取得首先必須殺了牛隻，因此這是一個神聖的交易。

莊子在〈庖丁解牛〉中用牛來代表事物的全體，剛開始，廚師庖丁在練習殺牛時，是用眼睛看，後來進步到用精神去與牛相遇，因此他的刀能夠隨著牛的本來肌理去切割，使用了十九年也跟新磨出來的一樣。

將牛皮裁成細繩：純真的失去

牛皮象徵著完整性，因為它是從神聖的牛身上剝下來的。在這裡，我們看見的是人類學家弗雷澤在《金枝》中所提的接觸律，牛是神聖的完整性，因此牛皮也是神聖的完整性。

但當牛皮被裁切為繩後，完整性就失去了。不論故事說的是裁切成細繩，還是搓成細繩都一樣。受欺者的憤懣不只是由於失去了土地，更是由於純真的失去及心靈整體性的破壞。

交易的對象是什麼？是土地，意指潛意識的心靈大地。以完整來交換富有生產力的土地，這樣的「換」本應是平等無私的，這是一種人在愛的關係中所做的對等交換。我的脆弱交換著你的脆弱，在相互坦誠中我們彼此理解，彼此接受。這是為何蒂朵在傳說的結局是為愛自焚。因為她不懂這個交換的意義。在她將牛皮製成細繩打破這樣的默契時，她已在象徵意義上失去了這份純真。

而欺騙則象徵著現實原則，人若不失去純真，就無法在現實中立足。

世界各地之所以頻繁出現或接受了這則傳說，正是因為我們都面臨過這種兩難。請注意傳說的結局：入侵者最終靠著欺騙獲得了大片土地，建了教會、城堡、城市，成為豪族或統治者。傳說當中的神聖性因此蕩然無存，而人造的建築物則是自我成長的偉業。若不如此，人就無法建立穩固的意識，無法在現實中生存。

如果我們把傳說的情節視為我們個體化的歷程，那麼入侵者的出現也可以被我們想像成一場成長的意外，他所象徵的毫無疑問地是自我藉由巧取豪奪，以犧牲完整性為代價以求離開混沌狀態，來讓自己成為土地的主人、心靈的宰制者。

愛與「原則」往往互斥

北非之於希臘羅馬人與當時的大員之於明代中國與荷蘭人一樣，都是陌生的遙遠之地。所以熱蘭遮城的牛皮換地傳說才會將原先狡詐的日本人無意識地改成了純樸的原住民，目的是為了讓傳說更接近於人類的集體經驗。自我無法欺瞞自我（也就是狡詐的荷蘭人無法欺瞞同樣狡詐的日本人）。因此這場交易必須在不對等的情況下進行。

也就是說，這是意識自我在無意識大地上建立起主宰地位的過程。若不如此，自我就無法成長茁壯，也就是建立城堡與城市，成為統治者。牛皮換地因此是人類的普同經驗，一種遠離了單純而走向複雜的成長代價。但從傳說的源頭，也就是女王蒂朵的故事來看，我們都會因此而失去最寶貴的東西：愛的能力。

蒂朵是因為失去愛而來到北非的，她的哥哥背叛了她，殺死了她的丈夫，讓蒂朵只得背井離鄉。她接連喪失了親人之愛、伴侶之愛，乃至家國之愛，這讓她象徵性地成為那個失去愛的人。然後她在另一片土地上，以狡詐來回應完整，用切成細繩的牛皮為自己騙取了立足之地。

此時她的心已經為了向死去的丈夫阿賽巴斯效忠而封閉，直到艾尼亞斯到來，愛神維納斯命令邱比特在她心中吹入愛火，「襲擊她那顆久已不活動的心」為止。她被迫遺忘了阿賽巴斯，愛上了這位勇敢又具有使命感的特洛伊王子。她又焦又悔，因為她已發過誓永不再嫁，蒂朵寧願下地獄也不願失去這份榮譽。

但艾尼亞斯拒絕了她，蒂朵失去艾尼亞斯的愛，又失去了對丈夫矢志守貞的原則，成為了一個沒有憑依的人。

愛與原則往往互斥。因為愛具有穿透性，它總是會打破原則，就如父母不忍懲罰小孩，戀人不忍苛責彼此那樣。但蒂朵同時失去了兩者，她的結局只有自殺。

當善意轉成惡意

越表現出不需要愛的人，對愛越難以抗拒。不論是熱蘭遮城還是迦太基城，都意味著自我與潛意識產生了隔離，正是這種完整性的失去，才讓蒂朵變得孤獨。和雅典娜一樣，她是認同著父性原則／陽性心靈的女性。

當邱比特對蒂朵的心吹入愛火時，她只能將之感受成一股盲動的熱情，蒂朵最終將這股火焰行動化（acting out），也就是從內心轉向外界，在自焚的同時，她也對艾尼亞斯下了詛咒，要跟對方玉石俱焚。

故事的結局讓我們聯想到一則印度神話，雪山女神以其化身難近母去協助天神阻止阿修羅與諸魔的入侵，但阿修羅得到了梵天的祝福，難以抵禦。因此難近母又生出了恐怖女神迦梨（Kali），她在吞食下最難纏的敵人之後興奮地跳起舞來，三界為之震動。濕婆為減輕眾生痛苦，於是自願在她腳下任其踐踏，降低損害。

事實上，此時的三界再無敵手，但迦梨卻依舊尋找著敵人。這種由愛生恨的狂暴經驗乃至被害妄想普遍地存在於我們內心，隨時在尋找著想像中的加害者，這是神話故事的另一層表達。

而我們在下文會看見，臺灣傳說的結局還存在著另一種截然不同的版本。兩者值得加以比較。

新市傳說：荷蘭女孩與鄭成功

《台南地區平埔族民間文學集》採集到了另一篇類似的故事。故事描述一位荷蘭女孩藉由提供情報來和鄭成功交換一張牛皮大小的土地，鄭成功承諾如能取得荷方的軍事機密的話，願意答應這個條件。後來鄭軍平安登陸，荷蘭女孩將牛皮剪成長條連接，最後換得了一大塊土地，那塊土地在今日的臺南新市，荷蘭女孩因而能在此地繁衍後代。這似乎是當地人用以解釋為何新市地區存在部分荷原混血的傳說。[1]

從入侵者變成被入侵者，荷蘭人此時已成為了臺灣的新住民。他們試著留在這塊土地，同時不變的是荷蘭人作為欺騙者的角色，但荷人欺騙的目的已從侵略變成自保。

跟蒂朵女王一樣，新市版本的傳說主角也是女性，但她在此處象徵著創造以及保護性的陰性心靈。這看似相異的兩種特質，反映的正是女性的兩個基本心靈特質：為求自保的保護特徵，以及鼓勵創造的變形特徵（亦即欺騙）。

1 王釗芬：牛皮換地故事來源之探討：臺灣地方傳說研究。2004，光武通識學報。

這是新市傳說與迦太基傳說絕大的不同之處。相較於蒂朵女王，荷蘭女孩所指向的狀態或許更令我們嚮往。她表現出來的不是前者的詛咒與狂暴，而是帶著狡黠的善意。

這或許是臺灣人在處於不同政治強權的競奪之下所展現出來的智慧。

我在分析另外兩篇臺灣傳說〈燈猴〉與〈陳守娘〉時曾提過，臺灣的集體心靈偏向陰性（參見《傳說裡的心裡學：厲鬼與妖怪》），此處則是另一個例證。而且新市傳說的主角更是一個跨海而來的女性。

集體心靈不看重詛咒，而是記錄我們成長的瞬間

荷蘭人最終被驅逐了，迦太基也毀於羅馬的大火。但傳說卻弔詭地在經歷鄭氏王朝二十一年的統治後（一六六一－一六八三）流傳起來。難道荷蘭人曾以羅馬的繼承者自居，向被統治者傳遞這個故事嗎？

鑑於蒂朵與迦太基日後的悲傷結局，征服者向被統治者傳遞這個故事未免太過不祥。因此傳說的流傳絕非有意為之。但世界各地的受壓迫者都不約而同地採用了這則神話，在自我警惕的同時也是安慰自己入侵者終將受到報應的心理防衛。

我們需要向自己保證，壓迫者會受到懲罰。

那個將完整的牛皮切成細繩的人就是每個走向獨立的自我，它一度得到了心靈的統治權，但很快地，它將面臨失去愛的命運，最終它將喪失自己統治的疆域，一如迦太基的滅亡。成長總是有代價。

荷蘭人後來被鄭氏驅離臺灣就重演了這段歷史。

但最有趣的是，傳說只留下了迦太基建城神話的前半段，對於蒂朵之死及迦太基的滅亡隻字不提（其他各地的牛皮換地傳說也大體如此）。這並不是特例，因為世界上絕大多數的讀者也不知道〈睡美人〉這篇童話的後續，王子在吻醒了公主後，兩人並沒有馬上過起幸福快樂的日子，因為幾年後，他的母后試圖吃掉公主和兩人所生的孩子。我們同樣更為看重故事的前半段。

易言之，對入侵者的詛咒並不是集體心靈最在意的。畢竟沒有荷蘭人的出現，純真也必將失去。

無論如何，人會成長，孩子會脫離父母，自我會日趨獨立。集體心靈真正在意的，是記錄這個我們成長的瞬間，以及對失落的心理進行描繪。縱然荷蘭人如何狡詐，心靈依舊得到了有益的發展（不論是倭彝每年可得到鹿皮三萬張，還是在臺灣城對面建立了集市，「而漳、泉之商賈集焉」）。

傳說暗示著接在損失之後的是更大的利益，因此故事的描述呈現了矛盾的情緒，猶如我們對成長的體悟一樣。有時視野開闊了，原先的朋友也就離開了。深度增加了，人卻變得孤獨了。一旦開啟個體化的旅程，有時就意味著得和過去的一切說再見。

成長意味著分離，我們得到一些，也失去一些。

神話表達了這樣的兩難：我們先是奮力離開潛意識母親，與之隔離，而後又不可免地受其引誘與吸引，最終喪失自己。除非我們認識到個體化是一個在兩極之間平衡移動的過程，否則我們就會走向蒂朵的悲劇。

我們會把任一端當成真理，事實不然，真理總是彼此包含。就如雪山女神的化身生出了迦梨，她們其實是彼此的另一面。能掌握這一點的讀者，就能成功接近人類心靈的深處。

回到熱蘭遮城的牛皮換地傳說，故事著重描寫這次交易的不對等，它所反映的或許不只是入侵者的不誠實，而是受入侵者有意如此。他們之所以甘心受騙，正是一種對異國事物或心靈他者的接受。即便這樣的接受帶著苦楚，卻有其必要。

這是何以熱蘭遮城傳說沒有出現復仇或入侵者受到報應的情節。傳說只反映了集體心靈所需要的那個部分：也就是失落與成長的部分。至於聽故事的人會走向怎樣的結局，那就不是傳說的責任了。

我們可能成為蒂朵，也可能成為那個留在新市開枝散葉的荷蘭女孩。熱蘭遮城的傳說似是有意向聽眾保持開放，因為結局會因我們的選擇而有不同的可能。

從羅馬到臺灣，從迦太基到安平，牛皮換地傳說將位居東亞的臺灣與歐洲神話串連在一起，使我們在精神上成為了世界的公民。

圓滿與殘缺：貪心吃垮半屏山

改寫自《中國民間故事全集》[2]

故事大綱

有一位天上的仙人，他本來有一個徒弟，能文能武，心地光明，所以很受仙人器重。可惜這個孩子不幸得了怪病，去世了。於是他下凡去，準備再找另一個徒弟。

2 陳慶浩、王秋桂編：《中國民間故事全集》，遠流出版社，1989。

仙人來到高雄附近，看到了一座美麗的山，山下有個村莊，他決定來這裡試試人心，想收一個不貪心的人來當他的徒弟。於是，仙人拿著扇子，朝著山一揮，頓時山就崩了一半。他又扇了一下，塌下來的泥土就立刻變成了麵粉，而後又變成一個個的大餅。

這些大餅堆在一起，足足有半個山那麼高。仙人在大餅前豎立了大牌子，上面寫著：「一文錢，買一枚。兩文錢，任意拿。」

這個消息傳出去後，大家都知道原本的山崩了，但掉下來的不是泥土，而是大餅，於是奔相走告：「大家去吃大餅啊！」

路上人山人海，萬頭鑽動，看到牌子上的文字後，大家紛紛從口袋裡掏出了兩文錢，叫喊著：

「我買兩文錢！」

「我也買兩文錢的！」

他們把錢一放，就拿起大餅吃，吃飽之後，有袋子用袋子，有帽子用帽子，把大餅裝走。仙人就這樣靜靜地在旁看著。

大餅堆積如山，數目也多得驚人，雖然大家隨便拿，但搬走的還不到一半。就這樣一天天過去，人們絡繹不絕，都要買兩文錢的大餅。直到第七天，人群裡忽然出現了一個眉目清秀的少年。

他看完告示後，伸手摸了摸自己口袋，拿出一文錢，恭敬地跟仙人說：「我要買一文錢的大餅。」這時旁邊都出現了一陣嘻笑聲，大家都在譏笑這個少年，還有許多人在批評他：

「世上哪有這種呆子！兩文錢隨便拿，他偏要買一文錢一個的大餅。」

大家都在看這個呆子買餅，笑他是天字第一號的傻瓜。但少年不為所動，他在吃完之後，又拿出一文錢：

「先生，我還要再買一個大餅。」

仙人笑了，用他的扇子一扇，面前的大餅只剩下少年手上的那一枚，其餘的都消失了。仙人向少年說：「孩子，我很喜歡你，想收你為徒，一同成仙。」

少年聽了，一時間無法決定。仙人告訴他，說自己是八仙之一，想要找一位知足常樂的人當徒弟。少年雖然願意，但顧慮尚有父母，所以無法立即答應。於是決定先回家請示父母親的意思。

父母親雖然不捨，但還是很高興兒子能得到仙人的賞識。於是他就跟著仙人離開了人間。

至於那座被仙人扇得剩下一半的山，兀立在高雄附近，在提醒人們應該知足，不要貪心。

半屏山傳說的四種類型

半屏山，意思為「半邊山」（閩南語中的「屏」與「邊」相近），根據學者的研究，半屏山的形成傳說至少有四類，分述如下。[3]

第一類是兩座山比高下，因半屏山太過驕傲而受天帝處罰，降下落雷將之劈成兩半，因此成為今日模樣。第二類，仙洞出白米

3 參見彭衍綸：〈高雄半屏山形成傳說探源〉，2009，臺灣文學研究集刊第五期，臺灣大學臺灣文學研究所。

傳說，這類傳說不僅遍布全臺，在中國各地也都非常流行，我們在基隆白米壺傳說裡已經討論過它的心理原因，此處不再贅述。第三類則是二仙爭一女傳說，老少兩位仙人爭戀一仙女，結果均被貶入凡間成為三座山，各自思過。第四類是仙人將半屏山土石製為「圓仔」或大餅，用以測試人心的貪婪，我們此處要特別加以分析的就是這一類，原因我們後文再述。

讓我們看看這則故事，這類傳說的情節相近，目前能看到的差別都不大，首先的差異點是仙人的來歷，故事中有說仙人是呂洞賓的，有說是鐵拐李的，也有說是漢鍾離的，也有未列姓名的，僅說是白鬚老翁或一位仙人。

傳說的第二個差異點是結局，結局有帶著年輕人離開的，也有讓年輕人回家後秉告父母才離開的；少數則提及了對貪心者的實質懲罰，當他們發現自己吃下的圓仔是半屏山土石製成的之後，他們都覺得肚子痛了起來；多數則無，純粹以崩掉一半的山當作世人貪婪的提醒。

之所以挑選這則傳說作為分析的主角，原因是研究者指出，兩山比高下的傳說普遍見於日本，仙洞出白米傳說則普遍見於中國。[4]同時，這兩類傳說在臺灣各處均有紀錄，因此較不具特殊

4 同註2。

性。而二仙爭一女傳說雖不多見，但並未解釋為何偏偏是半屏山被削去了一半，換言之，此類傳說沒有針對半屏山的特徵做出詮釋，因此我們省略不論。

沙土變成的美食

但將山變成美食，用以測試人心的貪婪，這樣的傳說同樣不是半屏山所獨有，在桃園、新竹等地均流傳著〈圓仔湯嶺〉的故事，惟旨趣並不相同，我們略述如下：[5]

故事的大意是，有位仙人在該處賣圓仔湯，「一個銅錢買一核，三個銅錢任你滑。」也就是一個銅錢賣一個，三個銅錢吃到飽的意思。但只有一位女孩子願意拿一枚銅錢買一個圓仔，當她吃下這顆圓仔後，肚子突然漲大了。大家找來了仙人，仙人才說了他這麼做的目的，是為了測試人心，語畢，他拍了一下女孩的後背，於是她吐出了一顆寶珠。

這則故事跟半屏山的傳說看似相同，但意涵不太一樣。第一，在桃竹地區的圓仔嶺傳說中，仙人的目的是為了測試人心，而非為了尋找徒弟。第二，圓仔嶺傳說的結局是致贈寶物，而半屏山傳說則是為了帶徒弟升天修仙。

5 同註2。

誰說貪心的人要受處罰？

換言之，半屏山傳說是一個特殊的傳說類型，且具有幾個顯著的特點。

首先，它告誡人不可貪心，這也是多數研究者所著墨之處。但讀者或許已經發現了，跟一般強調因果報應的傳說不同的是，雖然不貪心的人得到了獎賞，也就是得到了修練成仙的機會，但除了特定的例外，貪心的人並沒有因此在結尾處受到處罰。

甚至在這個版本的紀錄裡，鄉民事先就知道他們吃的大餅是山上的土石所製成的，但他們依舊樂此不疲。

換言之，傳說默認了「貪婪」是人的基本缺陷，雖然能克服的人值得讚許，但對於不能克服的人，卻不見得有懲罰的必要。所以單把這類型的傳說視為一種警世寓言是有缺陷的，至少不夠充分。

這說明了本篇傳說的原始特色，道德性的考量尚未影響人類心靈的投影，故事訴說的，是我們內心的單純願望：我們就是想要更多。

人們藉由吃與世界產生連結

那麼，我們要繼續追問的是，百姓在貪什麼？貪吃。

吃可以說是人類最原始的欲望，胎兒在母親的子宮內尚可以藉由胎盤獲取營養，但出生後就必須用嘴巴來吸吮奶水。換言之，藉由吃，我們才真正地與這個世界產生了連結。

如果奶水來得不夠即時，嬰兒就會嚎啕大哭，進而引發照顧者的焦慮，如此一來，他就控制了他所知的世界，賦能了他自己。這樣素樸的願望，傳說並未否認，也並未處罰。因此我們可以知道這則故事具有心理的原始性質。

它優先照顧我們的生存欲望，而且澈底包容。

我們永遠對另一個人愛恨交織

有關這一點，在大餅購買原則的用語中也有體現。「一文錢，買一枚。兩文錢，任意拿。」換言之，所謂的「知足」暗示著我能考量對方的立場，認識自己欲望背後的成本，用心理學的用語來說，這與分離／個體化（separation／individuation）有關。在此階段中，嬰兒分化出自己與媽媽，進而認識了「我」是誰，認識了我的侷限。慢慢地，孩子會認識到，原來奶水並不是自己出現的，它是由某個人提供的，而奶水的供給也是有限的，照顧者的耐心和時間同樣如此。

如果我知足，就意味著我認識了我所取用的都有成本，但那個成本卻是由照顧者負擔的。正因如此，我不能去恨那個照顧我的人，不能去討厭那個我愛的人。但我們對父母永遠都會有抱怨，因為沒有人是完美的。這種既愛且恨的心理構成了人們自相矛盾的原始經驗。

這份經驗是所有人際關係的基礎，也是我們會感到內疚與後悔的基礎。

當恨意高漲到了頂，愛與疼惜就出現；反過來，當善意給得太多，取而代之的，就是厭煩與憤怒。能把握這一點，我們就體會了感情的本質。人永遠對另一個人愛恨交織。

只是多數的人都有機會將彼此矛盾的情感涵容起來，但有些人卻會處於分裂狀態，愛之欲其生，惡之欲其死。在全好與全壞的兩極間遊走，沒有中間地帶可言。他們會肆無忌憚地對所愛的他人投射出嫉妒與惡意，只要他覺得對方的好威脅到了自己的無能。

由愛生恨、情人反目或者社群媒體中的黑粉槓精，都反映了這個現象。

成仙令人憂鬱

所以所謂的「成仙」，並不需要一個人多麼偉大，他只需要明白自己欲望的另一面，同時還不為其控制就行。他要認識到，愛裡頭有恨，恨裡頭有愛，他以為的正義背後有英雄情結，他以為的無私背後躲著自利。

而這一切都需要一個更高位的成熟人格，而那令人憂鬱。所以我常說，憂鬱的人比較善良，因為他們看見了事情的兩面性，又將這份撕裂的痛苦深深包含起來。他們的沉默不是無話可說，而是覺得難以表達。因為很少有文字可以同時表達彼此矛盾的情感屬性，而這也是象徵的意義。

象徵總是歧異的，會激發矛盾和相反的情緒經驗，但它卻可說是完整性的一種表達，因為它自相矛盾，所以兼容並蓄。憂鬱的人是深入精神世界尋求象徵未果的人，不像多數人追求的主要是確定性，他們卻同時追求確定性與可能性。

因此他們總是待在人類精神的底層，也總是用自己的陰鬱來為社會指向更大的光明。

留下創傷，帶走寶貝：臺灣人的孤兒心理

山是仙人的居所，這一點從中國的造字就能發現了。但有意思的是，仙人雖然認為半屏山很優美，卻未將此處作為自己的洞府，定居修行。而是留下了被削去一半的山，帶走了此處唯一知足的人。換言之，仙人留下了創傷，帶走了寶貝。

這一點跟許多神話與地方傳說會將周邊景物神聖化有所不同，在這些例子中，山林往往成為神仙與菩薩的人間居所，例如到處都

有的觀音山，或者充斥臺灣中北部的鄭成功遺址都是。但鄭成功來臺後不到一年就去世了，他的足跡從未超過臺南。

人們用神明與英雄神聖化了自己的家鄉，為家鄉驕傲的同時，我們也為自己感到驕傲。換言之，我們將自己有限的生命放在了更大、更神聖的脈絡底下，從而使自己接觸了無限。我們相信一切都有更深遠的意義，這才讓耶穌從一位木匠成為了救世主。

但半屏山則反是，它更像是被利用後拋棄的景物。

也就是說，它反應的是臺灣人被拋棄的孤兒心理，而這則傳說最早被採集到的時間點也在戰後，日本殖民統治半世紀之後。[6]臺人覺得自己有缺陷，覺得自己被利用，因此將這樣的心情投射在半屏山上。隱藏在警世意味背後的，不是失落，而是羞恥感。因為半屏山就在那裡，提醒人們它曾被貪婪的人吃掉一半。

這麼說來，這則傳說的出現或許反映著臺人的心理創傷，一種被殖民者的憤懣心情。我們覺得低人一等，覺得有口難言，覺得自己的家鄉遭到了仙人的背棄。帶著這樣的心情，去意義化，或者去神聖化我們的家鄉就會變得很困難。因為我們會覺得自己不夠格。

甚至我們可能反過來認同他人對我們的觀點，覺得自己就是貪婪得無可救藥，覺得自己有罪，全然放棄了身而為人建構故事的能

6 同註1。

力與權力。甚且也用這樣的心態對待我們的社會與身邊的人。深信「我就爛！」、「世界沒有救了」。

那麼，這則傳說是悲劇嗎？

覺知到傳承需要的仙人

並不見得，因為這則故事裡還有著「永生」與「傳承」的主題。一無所缺的長生仙人為何要在人間尋找接班人，何以需要徒弟來傳承呢？我們知道，希臘神話裡的天神，從來沒有過改正的念頭，因為他們永生，時間對他們而言毫無意義。他們有的是大把的時間可以浪費，不必急於一時的事情，永遠可以往後再說。

當長度被無限延伸，深度就會作為代價被犧牲。想想有多少學生在畢業前夕，才開始驚覺校園裡被自己忽視的美好呢？那棵樹會結果、會開花，這裡的地上長著苔蘚，這個老師我一直很想多加親近，那幾堂課程我早想聽聽看。

覺知因為有限而被放大，每個遺憾背後都會長出可貴的覺察。

因此，這個主題才是半屏山傳說的真正特殊之處。長生仙人尋找徒弟的目的是因為他覺知到自己有傳承的需要，而不是他客觀上真的有必要。

也就是說，他們在心理上已經準備好去孕育，去給出自己。生養下一代曾經是生命對我們的本能要求，但在當代社會，已經難以成為我們期待年輕人去養兒育女的理由了。

少子化當然反映著物價房價的重大壓力，但同時在心理上，也有必要去思考我們的精神，也就是故事中那種雖然沒必要，卻自覺有需要的傳承精神。因為仙人並沒有結婚，徒弟也非他的孩子。只要能從這裡出發，哪怕孕育的並不是我們身體的子女，而是精神上的子女或年輕後進，我認為都算回應了整個人類社群的要求。

從貪婪到知足，心理能量的反方向流動

若將傳說放在這樣的脈絡來思考，貪婪或許也是知足得以出現的先決條件。換言之，知足其實是人們在心理上饜足（satiation）後的結果。我終於覺得夠了，覺得可以了，我已充分被滿足。

我們因此感覺到，得之於人者太多，施之於人者太少。於是我們的心理能量遵循著榮格心理學所說的物極必反（enantiodromia）原則開始往反方向移動。

半屏山犧牲了自己的土石，餵養著我們的貪婪，最後成就了一個新生的自我，也就是仙人的徒弟。這麼說來，仙人也做出了犧牲，因為他犧牲了將此處當作個人居所的機會，將山化為大餅，餵養著人類，並耐心等待他精神上的下一代。

否則他大可以在此處安居，讓人們繼續對他頂禮膜拜，但他沒有。他化為凡人等待，直到山被吃掉了一半，他才等到了那個可以託付的人。

象徵與夢的詮釋

你瞧，這兩個觀點截然不同。一個認為仙人負了我們，留下創傷，取走寶貝；一個則認為仙人做了自我犧牲，然後等待著我們成長。

詮釋因此不可能定於一尊，觀點才決定了事實，而無論如何，事實都不是真相。因為事實是建構起來的，是觀者所選擇的。

故事分析是這樣，解夢也是如此。夢裡的元素都可被我們視為一種內在意義彼此矛盾的象徵，可以有不同方向的解讀。例如火，既可能破壞，也可能創造。例如蛇，既是死亡，也是重生。

我們不替作夢者決定，當事人總是會憑現在的狀態做出對應的選擇。解夢者除了要留心當事人選擇的觀點外，也要提供他另外一種版本的詮釋。不為什麼，就為了擴充他的認知架構。

如果我們能對夢境有比較彈性的觀點，也可以幫助當事人對自己當前的情況做出比較完整的解釋。我們常會看見，有些人陷在受害者的角色裡而憂鬱；有些人則反是，在受到他人指責時，會陷入內疚之情中無法自拔。但我們往往能從對立的觀點中得到救贖。

但無論是分析故事還是分析夢境，切記永遠要用成長的觀點來看待。榮格心理學是目的論的心理學，換言之，我們認為生命的目標是朝向未來，朝向統整，而不是回到過去與退化。

老與少、圓滿與殘缺

老人與少年再次成為了一個經典的形象。老與少互為兩極，一個在生命的盡頭處，一個在生命的上坡路。最為特別的，是故事在留下了一個典型的圓滿意象（也就是老與少的組合）的同時，也留下了有所殘缺的半屏山。圓滿與殘缺兩相對應，成為了另一組特別的兩極。

圓滿在天上，殘缺在人間。這對應了歐亞神話完美神界與不完美人界的基本範式，也對應著小我與大我的差異。但圓滿與殘缺並不是遙遙相望，永不互動，而是彼此參與。

榮格說：「即便是上帝，也會在個體身上追尋他的目標。」所以仙人才會下凡，在有缺陷的人間尋找完美天界的解答。

當老仙人的徒弟去世後，也就是圓滿出現了缺口時，他所失落的一角必須從殘缺的人間找尋。你發現了嗎？神仙也需要人類，否則他無力填補圓滿所失去的缺口。

仙人找到徒弟後，缺口的圓再度閉合，退成背景而離開。用深度心理學的語言來說，意識必須獻出自己寶貴的那一面給潛意識，否則後者就會擾動不安，化為身心症狀向我們索討，或化為命運來提出考驗。

優勢功能與整合

那個寶貴的一面是什麼？通常就是我們賴以生存的「優勢功能」。對榮格來說，它指的是我們賴以認識世界的四種方式之一（包括感官、直覺、思維、情感），無論我們的優勢功能是哪一種，中年後都可能遇到困境。因為位於優勢功能對立極的劣勢功能雖然大部分落於潛意識內，我們的潛力卻需要它才能發展出來。

親近與實現一個人的劣勢功能，是個體化不可缺少的步驟。感官型的人需要跳脫現實，開展他的洞察力。其餘類型的人也都有自己的任務，我們這邊不做展開。只是要思考，天界與人間的互動，或許反映的，是我們內在的整合動力。

榮格曾經夢見，自己與一個男人開槍殺死了北歐的英雄齊格飛，他是一個類似於岳飛或鄭成功的偉大人物。醒來後，他分析這個夢，知道這指的是他必須犧牲優勢功能以便使心理能量啟動自己的劣勢功能。

傳說中的少年通過了考驗，他的離開對人間而言就是一種犧牲，這或許意味著生命總是有希望，它知道我們怎麼回應，何時回應，也知道我們怎麼在完整性出現殘缺的時候重新調整。

潛意識會參與或修正意識的生活，這一點也是榮格心理學的特殊之處。因此生命中發生的許多事都有某種目的。那個目的是讓我們經驗自己所逃避的面向，將生命開展成一個圓。

這樣的過程常常是痛苦的，就像半屏山留下的傷口一樣，或許永遠都不能復原。但正因它的不完美，殘缺才有了位置，完整才體現了它的美。

結語

這則傳說的真相因此慢慢浮出了水面。故事雖然原始，但它卻反映了心靈的複雜樣貌，一種素樸的但卻彼此糾葛的願望。而這願望中有期待，有創傷，有犧牲，有成長。

夾雜著殖民留下來的傷口、孩子的成長、父母的盼望，以及心靈對永生與傳承的永恆迴響，故事以一個絕無僅有的型態被我們記憶和流傳。

從貪婪的吃到耐心的等，從美麗的風景到受傷的山川。故事承載著當地居民的遺憾與願望，匯聚了形形色色的元素，我們用深度心理學重新看見了它，這個集體的夢。同樣地，我們也能藉此看見自己的夢，它與整個社會，與我們內在那個古老的大我，三方之間的種種互動。

更重要地，如果你遭遇了生命的苦痛，你感到憂傷、被曲解或遭他人惡意對待，請你請你，留心身邊的一切，傾聽他們的話語，從其言外之意中找到意義，並將它放在一個更大的脈絡底下。那個脈絡必須是神聖的。這份意義將會挽救你，讓你的痛苦被接住，並開展出美麗的花朵。

現代人之所以易於罹患精神疾病，正在於我們摒棄了宗教經驗，從而也將自己從意義之網中剝除了。

留意你家鄉的傳說，你就永遠不會失去源頭，留意你自己的夢，你就永遠不會失去方向。

後記

提到臺灣的傳說，或許還應該談談鄭成功的故事，在許多傳說裡，他都被視為是「東海長鯨」轉世，「則其子若孫皆鯨種也」。清軍攻臺前，澎湖捕到一隻上岸的鱷魚，困在民宅中死去。「識者知其兆不佳」，被視為鄭氏王國即將覆滅的前兆。

作為臺灣最知名的英雄人物，他的出身被冠上了許多神話的色彩。他出生前，母親就夢見有鯨魚直衝入懷，去世前，他的副將也夢見鄭成功騎著鯨魚往大海而去。

以鯨魚來附會這位海上英雄不是很正常的嗎？臺灣人的心，或許都住著這一位傳奇人物吧！婆娑之洋，美麗之島。鯨魚的故鄉，英雄的王國。這裡也曾誕生過許多精采的故事。

我們需要更多的人關心、整理，並分析這些日漸消失的民間故事。裡頭還有許多珍貴的心靈元素等待著我們發掘。我們仰賴當中的線索自我定位，藉此認識我們與其他民族之間的同與異。

人類的心靈底層居住著各種活躍的經驗，古人將它們視為神靈與鬼怪，那些傳奇故事，就是這些經驗湧動下的結果。這些故事的核心永遠環繞著個體化的目標而建構。為什麼？它們之所以需要被述說，是因為它們需要被理解。然後我們才能從故事裡默會那些我們人人都會有的喜怒哀樂。瞭解內在的鬼神，瞭解自己。

個體化之路的艱難，絕非口頭說說而已。事實上，我也多次在這條路上跌跤受挫。因此比起靈性體驗，我更想談的是受苦經驗。受苦，或許才是這件事的核心。正如本書裡的每篇故事那樣，成為英雄與智者的路永遠是悲喜交織的。

十字架所代表的拉扯正象徵著此點。當背負著十字架的耶穌以血洗淨了世人的罪時，他真正要表達的，是他一肩扛起了世人的投射。眾人或者認為他不信神，認為他叛國，認為他是小偷、性侵犯，或者有其他的罪行。殊不知，那都是個人議題的投射，只因為背著十字架遊街的他，完美地符合了犯罪者的形象。

他沒有罪，是他的形象讓眾人以為他有罪。他的痛苦正在這裡，而他的偉大也在這裡。因為他決定沉默以對，並以自己的死重啟這一切。「你們中間誰是沒有罪的，誰就可以先拿石頭打他。」唯有在這個意義上，我們才能說新的基督教時代開啟了。

我們這個時代不也一樣嗎？我們尋找的不是罪，而是符合我們想像的有罪形象。這樣我們才能當個方便的「正義」之人。

相較於西方十字架精神的主動受苦。在臺灣，我們將一切還諸大海。「送肉粽」儀式完美呈現了我們對黑暗母親的期盼。自殺者或冤死者的靈魂被送往海濱，隨著浪潮前去黑暗的臺灣海峽，那個被稱為黑水溝的，潛伏著巨大蛇妖的深水。

那裡是死亡的居所，臺灣人的冥府所在地，也是一切事物的起點與終點。我們的先人從海峽的那裡來，而冤魂則送往海峽的那裡去。我們像東海長鯨那樣奮然而起，也像林投姐那樣難堪地忍受困窘，或許有一天，也會化為厲鬼來索命。

臺灣人的心呈現出巨大的矛盾，但勇氣卻從來不缺乏。無論是虎姑婆中的姐姐，還是在大海裡翻滾的長鯨。希望也一直存在，源源不絕的白米甕會餵養我們，直到我們復原。我們只需要新市的荷蘭女孩那樣狡黠的善意，加上一點對自己與家鄉的愛與信心。痛苦將會被放在更大的意義之網中被理解、消弭。

更特別的是，我們還有大海做我們最終的歸宿，那裡是國姓爺的魂魄所歸之處，也是所有冤死者的平息之所。母親大海在那裡接納了我們，接納了每個人。我們的潛意識平等地接受一切，那不能消解的痛苦，就留給它來消化！我們因此可以用重生的姿態迎接新的每一天。

再次謝謝你願意翻開這本書，謝謝你來當我的朋友。

到這裡來吧！疲憊而憂傷的你。這裡沒有非去不可的地方，因為風景就在路上，不在遠方。到這裡來吧！迷途而孤單的你。願星辰為你指路，陽光與你同行。

祝福你，也請把這本書的故事一起分享出去。

臺灣傳說的心靈探索──
虎姑婆與在地故事集

出　　版／楓樹林出版事業有限公司
地　　址／新北市板橋區信義路163巷3號10樓
郵政劃撥／19907596 楓書坊文化出版社
網　　址／www.maplebook.com.tw
電　　話／02-2957-6096
傳　　真／02-2957-6435
作　　者／鐘穎
企劃編輯／陳依萱
書封設計／許晉維
書封插畫／張書桃
校　　對／周季瑩
港澳經銷／泛華發行代理有限公司
定　　價／380元
出版日期／2024年1月

國家圖書館出版品預行編目資料

臺灣傳說的心靈探索：虎姑婆與在地故事集 / 鐘穎(愛智者). -- 初版. -- 新北市：楓樹林出版事業有限公司, 2024.01　面；　公分

ISBN 978-626-7394-17-5（平裝）

1. 分析心理學 2. 臺灣民俗品

170.181　　112018768